GURU YOGA

頂果欽哲法王
上師相應法

Dilgo Khyentse Rinpoche
頂果欽哲法王◎著　楊書婷◎譯

目錄

迴向

善德迴向：頂果欽哲仁波切的轉世——烏金丹增．吉美倫珠，所有曾為欽哲仁波切弟子而目前為師者，以及《龍欽心髓》傳承的一切大師，願他們長壽健康，佛行事業遍及全世界！

願欽哲仁波切的智慧、慈悲和大力，觸及並轉化各處人們的生命，並願其偉大的遠見和發願得以圓滿！

中文版序言

頂果欽哲揚希仁波切

上師相應法的修持何以如此重要？這是因爲，若無體現修道的外在上師，以及與上師智慧相融的修持——也就是上師相應法，學生便無法和自己的內在上師——也就是自心本性相連，並進而了證自心本性。

於外，上師爲三寶的體現：上師之意爲佛，上師之語爲法，上師之身爲僧。

於內，上師爲成就的三根本：上師之身爲加持的根本——上師，上師之語爲成就的根本——本尊，上師之意爲事業的根本——空行。

於密，上師則爲三身的體現：上師之身爲化身，上師之語爲報身，上師之意爲法身。

我們的摯友Serena，已將這本《上師相應法》的釋論翻譯爲中文，以利益華語的讀者。我衷心祈願，如此將能爲想要修持上師相應法的學生們帶來助益。

二〇一七年於香港

前言

雪謙冉江仁波切

爲何我們要修持上師瑜伽，「和上師的自性相應」呢？透過外在上師的幫助，我們可以發掘內在的上師，也就是自心本性。在我們到達這個境地之前，假使我們認真想要轉變自身，就絕對不該過度自信且單獨仰賴自己的方法和個人的經驗。這條道路只能靠自己來走、靠自己努力，但即便如此，資深嚮導的建言是必然不可或缺的。而善知識的角色，便是要給予這樣的引導。

能夠值遇頂果欽哲仁波切這類的卓越大師，是我們極大的福報，他無疑地具足一位眞實善知識所需的一切功德，而如此的上師已日漸稀少。聰明地選擇上師，是一件至關緊要的事，要確保對方的特質與往昔普賢上師所具的種種功德是相符的。

就我個人而言，一開始是將欽哲仁波切視爲我最敬愛、最棒的祖父。其後，當我將他視爲根本上師和精神嚮導時，我對他的情感逐漸轉變爲深切而不變的虔敬。他總是會出現在我的腦海中，透過他覺悟和慈悲的存在而激勵我生命中的每一刻。

上師相應法應該是我們每一項修持的核心所在。它能讓我們的修持具有

引言

講到二十世紀的精神修道史，就不能不讚頌怙主頂果欽哲仁波切（1910～1991），否則就會殘缺不全。而他所帶來的影響和啓發，已然觸及全球萬千以計的人們，其偉大與卓越是毫無爭議的。他是於西藏受教的最後一代精神大師之一，這類大師的生平有著和往昔歐、亞、中東偉大聖者和神祕教士相同的印記——深度、神祕，而目標專一。包括十四世達賴喇嘛尊者在內的許多今日的西藏大師，都曾拜欽哲仁波切爲師，在佛教徒的眼中，他來到這個世上，體現了一位上師的純正原型；他的名號就代表了正統與整合，也象徵著西藏和藏傳佛教的善美與尊聖。他只是純然地展現自己，便已自然成爲偉大上師所應具備的條件。

關於欽哲仁波切和其不凡的一生，也就是他全然奉獻於利益他人和爲佛陀久遠以前所傳教法帶來活力的種種，近來已有不少撰述。當然還有更多可以描說的事情，譬如他年少時被認證爲蔣揚欽哲旺波的意化身；他曾閉關二十二年；從學於五十多位具傳奇性的上師；他對諸多上師的虔敬心，尤其是雪謙嘉察和蔣揚欽哲．確吉羅卓；博學過人且證量甚深；取出幾部蓮花生大士的伏藏；撰寫二十五函具有詩意和啓發性的著作；他在建造寺院、修復文物、出版發行方面的偉大成就；看似超凡的精力和永不疲厭的慈悲；口述教法的迷人魅力和完整無缺；以獨特且無倦的方式大量教導並傳授他所持有的傳承和法教；以及行旅於喜瑪拉雅、印度、西藏、東南亞、西方各地，教導數以千計的弟子等。他一個人能在一輩子當中完成上述這麼多的事情，簡直是不可思議。

欽哲仁波切在精神方面的成就已經達到最高的境界，然而所有知道或見過這位上師的人都表示，他極爲柔和，且懷有令人卸除防衛的溫暖和慈愛。身爲寧瑪教派的法王和大圓滿法教的至高上師，他能依不同傳承各自的傳統方式來傳授法教，這種超絕群倫的能力，使他成爲宣揚不分教派之利美（藏文 Rime 音譯）精神的大師。在西藏遭遇驚天動地的屠殺災難之後，他承擔起十九世紀利美運動先驅者——蔣揚欽哲旺波（1820～1892）、蔣貢工珠（即「蔣貢康楚」，「工珠」爲地名）（Jamgon Kongtrul, 1813～1899）、秋吉林巴（1829～1870）——的覺悟遠見和理想，在重建藏傳佛教的精神生活和文化方面，扮演了極爲重要的角色。有時候，實在難以想像未來是否還會再有像他這般具有素養的大師出現。然而，可以肯定的是，若有任何上師**眞的**追隨他的腳步或甚至仿效他的偉大，都應歸功於欽哲仁波切和他對佛陀法教——尤其是寧瑪傳承，未來存續所付出的關注和投入，使得這些法教得以成爲活生生的了悟傳承。仁波切實際以各種方式維護法教的持續不斷。

大圓滿修持——而這後來成爲敦珠仁波切最後一次的公開傳法；下午由頂果欽哲仁波切主持，在他的住處拉梭內希（La Sonnerie）給予灌頂和教導。在座還聚集了許多其他寧瑪教派的上師，他們也都是兩位大師的弟子，其中包括：紐修堪仁波切、雪謙冉江仁波切、貝瑪旺嘉仁波切、吉美欽哲仁波切、賢遍仁波切、索甲仁波切，以及五位大空行母，也就是蔣揚欽哲．確吉羅

編按：註號○為原註；●為譯註。

❶此著名祈禱文的藏音為「雷鄔敦瑪」，分別為：〈初品上師三身祈禱文〉、〈赤松王請問品〉、〈空行依喜措嘉請問品〉、〈南開寧波請問品〉、〈那南敦炯請問品〉、〈穆赤王子請問品〉、〈衆問品〉。

卓、敦珠仁波切、頂果欽哲仁波切、甘珠爾仁波切和紐修堪仁波切各自的佛母。

在那八月的漫長午後，拉索內日爾的草坪上總是聚集了聽眾，陽光透過樹梢斜照而下，欽哲仁波切受邀於在附近舉行年度夏季閉關的索甲仁波切和本覺會，便在此處傳授本書中的上師相應法教導。而這次所傳稱爲《如意寶》（*The Wish-fulfilling Jewel*）的上師相應法，屬於持明吉美林巴（意譯爲「無畏洲」，1730～1798）大師所取《龍欽心髓》伏藏中的外上師修持，是由吉美林巴大弟子多竹千．吉美聽列歐瑟所著、稱爲〈遍智妙道〉的《龍欽心髓》前行法之頂峰。

吉美林巴的直接轉世爲蔣揚欽哲旺波，後者的轉世之一，即是頂果欽哲仁波切這位《龍欽心髓》的傳承持有者，還有誰能比他更有資格來傳授這個教導呢？更何況，對許多人來說，欽哲仁波切本身就是眞實上師的典範和體現。誠如達賴喇嘛所寫：

欽哲仁波切是所有其他法教持有者的典範。我們不該只是讚嘆他不可思議的知識、智慧和成就，更重要的是，我們應該追隨他的腳步並仿效他的功德……那些看來超越邏輯道理的深刻修道體驗，難以透過文字表達，也難以藉由口語講解傳遞，而是端賴來自個人上師的傳承啓發與加持。這就是何以在佛法中（尤以金剛乘爲甚），會對上師相應法——「和上師的自性相融無別」如此重視的原因。對於大圓滿法門了悟本覺的修持來說，更是如此。既然修持上師相應法這麼重要，上師本身的功德當然也就極爲重要了。至於眞實上師應該具備的功德有哪些？佛陀在許多經教和續典當中都有甚爲詳細的說明，而我在欽哲仁波切身上看到了所有的功德。①

欽哲仁波切能讓人相當自然地生起虔敬心，他也經常強調上師相應法的重要性，尤其在傳授和修持大圓滿時更是如此。根據大圓滿法門，弟子能夠實際了悟上師的智慧心，而這不能僅靠研讀和修持，必須要靠毫無造作且由衷而發的虔敬心。對此，欽哲仁波切經常會以《龍欽心髓》的取藏故事來闡明。

《龍欽心髓》（音譯爲「龍欽寧體」），或稱「廣界心要」（The Heart Essence of Infinite Expanse），這一套法教包括了諸多續典和法本，是吉美

①引自《西藏精神——頂果欽哲法王傳》（*The Spirit of Tibet - A Journey to Enlightenment: The Life and World of Khyentse Rinpoche, Spiritual Teacher From Tibet*）英文原書第七～八頁。

林巴尊者所取出的意伏藏②。當吉美林巴讀到龍欽冉江（1308～1363）這位卓越且天賦異稟的大師所寫的法教時，他對大師於一系列不凡著作中整合並闡明大圓滿法教的聰慧超倫，生起了難以按耐的敬畏與虔誠。他在三十一歲那年到桑耶附近的青埔洞穴中進行三年閉關，並向龍欽巴尊者祈請。他是如此熱切地祈請，以致儘管他和尊者相隔約莫四百年的光陰，尊者仍以智慧身三次顯現於他面前，並賜予身、語、智慧意的加持。這段殊勝的相遇，爲吉美林巴開啓了無邊的智慧和大圓滿的最高了證，並促使他傳授且教導了《龍欽心髓》。

吉美林巴在《功德寶藏論》中寫到：「具有上等虔敬者，即爲上等之弟子。」而他自己則在研讀不多的情況下，成爲無比博學的著名大師，這都是因他甚深的禪定和強烈的虔誠所來。對此，欽哲仁波切經常說，這是《龍欽心髓》傳承非常吉祥的先例和傳統，表示此傳承將一直以毫不動搖的虔敬心爲標竿。由於蔣揚欽哲旺波和巴楚仁波切都承繼了這個傳承，他們也都相當

---

②關於吉美林巴尊者的傳記和《龍欽心髓》的取藏，可見於祖古東杜（Tulku Thondup）《舊譯寧瑪派伏藏傳承源流》（*Masters of Meditation and Miracles*）英文原書第一一二～一一八頁，珍妮特・嘉措（Janet Gyatso）《自我的幻象：吉美林巴尊者密傳》（*Apparitions of the Self: The Secret Autobiographies of a Tibetan Visionary - A Translation and Study of Jigme Lingpa's Dancing Moon in the Water and Dakki's Grand Secret Talk*，尚無中譯）英文全書，頂果欽哲仁波切《如意寶——上師相應法》（*The Wish Fulfilling Jewel*）英文原書第四～八頁。

珍視此上師相應法，並將它作爲自己修持的核心。《龍欽心髓》乃因虔敬心而取出，它也就此以之爲特色；也是由於以虔敬心爲引導，《龍欽心髓》的傳續既廣又遠，成爲西藏和喜瑪拉雅山，甚至今日的西方世界中，最多人接觸到的大圓滿法門之一。

本書所收錄的上師相應法，英文口譯爲昆卻丹增比丘（Ven. Konchog Tenzin），也就是馬修・李卡德（Matthieu Ricard），他曾擔任欽哲仁波切的侍者長達十二年以上。欽哲仁波切於一九九〇年最後一次訪問法國的期間，馬修將整份文稿進行編輯，那時仁波切受邀於索甲仁波切和本覺會，正在格勒諾博（Grenoble）附近的布哈葡德（Prapoutel）爲一千五百名大眾給予教導和灌頂。

應該沒有誰比雪謙冉江仁波切、宗薩欽哲仁波切、吉噶康楚仁波切和慈克秋林仁波切更適合來為讀者引介這本上師相應法的書了。為本書撰寫前言的雪謙冉江仁波切，是欽哲仁波切的孫子和法嗣；為本書撰寫序言的宗薩欽哲仁波切、吉噶康楚仁波切、慈克秋林仁波切，則是欽哲仁波切的三大弟子，並分別是蔣揚欽哲旺波、蔣貢工珠、秋吉林巴的當代轉世，而這三位大師，對我們今日所知的藏傳佛教之發展歷程，可說是共同帶來了巨大的貢獻。

序言

宗薩欽哲仁波切：

頂果欽哲仁波切本身其實就是龍欽冉江這位偉大上師的再現，而我們能讀到由他所傳授的上師相應法等教導，是多麼有福報啊！所有往昔偉大的欽哲上師都將《龍欽心髓》視爲珍寶，並將它作爲自己最重要的內在修持。今日，由於我們大多數人都缺乏必要的智慧和福德，使得對上師的眞正虔敬心如此稀有少見，能夠領受這等大師傳下的教導，可說是十分殊勝的加持。

修持佛法的目的在於達至證悟。實際上，達至證悟就等同於去除無明，而無明的根源即是自我。無論我們選擇哪一條修道，是注重威儀的遠途、還是狂放不羈的近途，最終的根本要點都在於根除自我。

有許許多多不同的方式可以讓我們做到根除自我，譬如奢摩他（寂止的修持），而那些方式也都能帶來各種程度的效益。然而，由於我們和自我相處了不可勝數的生生世世，對它又是如此熟悉，每當我們採取某個修道並努力根除自我時，自我便會挾持那條修道並加以操弄，使得該修道不僅未能摧毀自我，反倒成了助紂為孽的工具。

這就是為何金剛乘要教導上師虔敬心，或稱上師相應法，並將其視為必要且根本的修持。由於上師是個活生生、能呼吸的人，他就有辦法直接對付我們的自我。閱讀一本關於如何根除自我的書，也許很有意思，但你絕不會因此對那本書產生敬畏，更何況，怎麼詮釋書本內容完全得看你的意思。書本不會向你說話或反應，但上師則不僅能這麼做，還可以搞亂你的自我，以便最終一併清除之。無論他是以忿怒相或寂靜相的方式達到目的，並不重要，但這就是上師最終要進行的任務，也因此，上師虔敬心是如此的重要。

對一位具有眞正虔敬心的學生來說，上師就是所有皈依對象的體現，而對這位上師的虔敬心，便成爲所有修道的精要。喇嘛蔣揚嘉辰這位薩迦派的大師曾說：「上師爲一切皈依處的體現。」意思是，我們在皈依時，要將上中，即使在擁有上師的情況下，我們依然傾向要在他處尋求解決問題的方案。以外在層次來說，生病時，我們會求取醫師的「庇護」；下雨時，我們則求取雨傘的「庇護」。同樣地，就內在層次而言，缺錢時，我們可能會修持財神法（Jambhala，音譯「臧巴拉」）來試圖解決問題；遇到障礙或困境時，可能會迎請大黑天（Mahakala，音譯「瑪哈嘎拉」）的幫忙；若是智慧不足，則可能會向文殊師利菩薩（Manjushri的音譯，意思是「妙吉祥」）祈求。這就顯示我們的虔敬心有多麼薄弱，因爲不管我們缺乏的是什麼，只需要向一個根源求取協助和指導即可，而那個根源就是上師。因此，上師相應法的第一個階段，就是要使這份虔敬心覺醒、增長，直到它變得健全、強大，讓我們能實際地「視師爲佛」。

接著我們將逐漸達到第二個階段，此時不僅**認爲**上師就是佛，且眞的**看見**他就是佛。隨著虔敬心的不斷強化，我們開始全然地仰賴上師，並帶著一種持續增長的喜悅感。當我們絕對確認上師就是唯一的皈依處，而這種內在的信心出現時，便毋須再製造或捏造我們的虔敬心，因爲它現在已能相當自然而然地生起了。

此後，我們所有的體驗，無論是好是壞，都成爲上師的示現。生命中的一切經歷都變得有利益、有意義；我們遇到的各種人事物，都成爲一種教導。對於上師的全然信任和虔敬打從心裡油然而生，上師的加持也能融入自心。

於此，我們達到了第三個階段，了悟到自己的心與我們視爲佛陀的上師是無二無別的。最後，我們將自己的心與上師的心相融，而這將使我們超越所有誇大或貶抑的凡俗習性，並讓我們離於各種期望和恐懼。我們的虔敬心最終不再有任何的造作或虛飾，而是眞實純然的狀態。一旦達到這個境地，我們便已了證一切佛法修持的最終目的。

吉噶康楚仁波切：

上師相應法是我每天必做的修持。對我個人來說，這個修持不僅最能激勵我，也最能讓我深入觸及內在的自性。它也最能讓我心滿意足，使我總是帶著確信，知道自己能讓生命變得具有意義。這是千眞萬確的事情——對於此法，這就是我所能說的了。

第四世慈克秋林仁波切：

（Mingyur Dewey Dorje Trinley Kunkyab，明就德威．多傑聽列昆洽）

頂果欽哲仁波切是一位成就者，他追隨諸多大師，且在各種知識領域都獲致最高的學問境界。對我們來說，他是諸佛本然覺醒的體現、一切壇城的主尊，一位與蓮師心意無二無別的大師。由於他懷著想要解脫所有眾生的慈悲決心，他的心總是祥和寧靜。也是因爲這份決心，促使他一生中廣大轉動了無量法輪。

關於上師相應法，則有外、內、密三種不同的上師。外在的上師，指的是爲我們解說一般修持要點，以及如何開始進行四種十萬次前行修持的人；內在的上師，指的是爲我們賜予金剛乘灌頂、講解密續意義，以及說明如何將密法融入生活的人；祕密的上師，則是指給我們直指口訣、帶我們直接看到無二覺性的赤裸本貌，以便我們能自己實際對此體悟的人。上師以如此的方式，讓我們心中的佛性覺醒。

教導有云，相較於向十方一切諸佛獻上供養，向上師色身一毛孔之一塞毛獻供所得的福德還來得更大。因此，要堅持不懈地修持上師相應法。眞實修持此法，將能平息三毒，開展無盡的三摩地，並獲得不可思議的利益；因此，絕對要修持上師相應法！

轉捩點

一切有情眾生於累世以來，無一不曾作爲我們的母親或父親，因而無一不曾以極大的恩慈對待我們。故此，與其將所有眾生分爲敵人或摯愛，我們應該很自然地會對他們生起一種和我們對此生雙親所具的相同感情才是。而所有眾生之中，沒有誰不是只想獲得快樂，然而，受到無明的蒙蔽，他們卻無法認清獲得快樂的眞實之因乃爲成就佛法。相同地，他們之中沒有誰會想要受苦，然而，他們卻無法認清受苦之因正是自己的惡行。這一點，只要加以思量，就會使我們心中湧現一股慈悲的大浪。

儘管如此，單單慈悲的情感並不足以實際幫助所有眾生達至無上證悟之境。如今我們已獲難得人身，値遇具德上師，並因領受上師教言而跨入佛法之門，如此而來到了一個轉捩點——要不就向上，要不就往下。我們現在必須要以希望安立所有眾生於圓滿正覺為主要的發心。不過，在此同時，我們也需要承認，目前自己根本沒有能力讓眾生解脫輪迴。因此，首先就要讓自己的內在潛藏力和其所有功德圓滿成熟，這才是根本之道。我們應該懷著此等為利一切有情眾生的無上發心，盡力投入於領受教導、思量法義，並實際修持。

那麼，究竟要以哪個修持來解脫所有眾生，帶領他們達至證悟的最高境界呢？此時此刻，我們具有這個最為殊勝的人身，它並不只是個一般的色身，而是完美的支柱。它有著離於違緣的八種閒暇，以及十種圓滿或順緣①，因此稱爲「猶如珍寶的人身」，我們正是藉此而能具有修持佛法的自由。

然而，單單擁有這個色身，還是不夠的。我們需要立即把它用來修持佛法，因爲死亡隨時都會降臨。我們必須體悟一切現象盡皆無常的道理和事實，而這些現象包括了外在宇宙和其中的眾生。猶如閃電劃過天際，或如瀑布湍急落下，沒有片刻停留。外在宇宙會因季節更迭而改變，同樣地，從日出到日落，於分分秒秒之間，人類也是如此地經歷改變。佛經中說道：

生者必死，聚者必散，相會終要分離，居高終要落下。

們的修持不受障礙所侵擾。其三，要以迴向一切福德願所有眾生安好作爲結行（末善），如此能讓我們修持所得的福德持續增長，直到自己達至證悟；而迴向福德和善行的最上等方式，就是願所有眾生皆能因而證悟❶。

我們應該以此「三善法」爲準則，持續不斷地努力培養良善。我們或可積聚各種世間的善德和福德，並因此獲得長壽、財富等暫時的果報，但所有這些福德果報終有一日都將耗盡，屆時我們將再次墮入下三道。即使依循

❶鑒於一般對於「迴向功德」的用法容易令人混淆（功德和福德的不同），本書依據英譯和本意而還原為「迴向福德」，也就是英文 quality 翻譯為功德或特質、virture 翻譯為善德，merit 則翻譯為福德。

基乘修持的聲聞行者和緣覺行者，能讓自己解脫輪迴②，其要達至證悟的時間，也需長達數劫之久。而透過大乘的無上菩薩修道，我們能夠迅速成佛，其要點就在於是為利益一切眾生而行。

如果我們真的希望脫離輪迴苦海，則沒有比找到正確、普世、究竟的皈依處來得更重要的事了。不過首先，我們需要認清輪迴的**自性**為何，這是因為，除非且直到我們體悟輪迴處處皆苦的事實，否則絕無可能生起強烈的出離心。我們依然只會覺得輪迴令人愉悅，而從未出現想要逃脫的念頭。因此，真的有必要深切思量輪迴的種種，並領會到我們就如被關入監獄的人一樣受困於此。囚犯想靠自己的力量逃脫監獄，是不可能的，他只能將希望寄託在權勢地位比他還大的人身上。正因如此，我們才需要有個自身已然超越輪迴的人來給予協助。

或許我們會納悶：「輪迴是從哪時候開始的？」除了遍知一切的佛之外，誰也無法指出並回答：「這就是輪迴的開始。」輪迴苦海的迷妄已延續了無盡的生生世世，如果我們不加以對治，它還會劫復一劫地不停下去。如同佛陀在《正法念處經》中所言：

②聲聞者和緣覺（獨覺）者為基乘（小乘）的僧伽成員，語出頂果欽哲仁波切《如意寶——上師相應法》英文原書第一〇五頁。

過去曾爲蟲蟻之生世，
所得身軀層疊而堆聚，
高聳將更甚於須彌山。

凡俗眾生所未認清的是，輪迴只有苦痛而無他。眾生好似患有眼症的人那樣將白海螺看成是黃色的。他們再怎麼用力地看，所見到的從不會是白的。

輪迴中處處可見的苦痛有三種：苦上加苦（苦苦）、變異之苦（壞苦），以及遍在之苦（行苦）。「苦苦」指的是於所受苦痛之上再加一苦。

有個很好的例子就是：在地獄道和其他惡趣中，要承受不斷反覆出現的痛苦。「壞苦」指的是轉瞬交替的苦樂持續變化且起伏不定，就算獲得享用、財富、名望，它們也從不長久。舉個例子來說，我們在某個美好的夏日和朋友出外野餐，前一秒還坐在草坪上自在、放鬆又愜意，後一秒忽然被蛇咬了。這就是壞苦。「行苦」指的是在輪迴中整體、處處皆有痛苦，且總是潛藏著痛苦。就算那些於較高刹界進入甚深三摩地境界的眾生，譬如無色界的天道眾生，他們也無法逃離痛苦。當他們禪定的業力和果報耗盡時，由於內在的三毒尚未根除，仍將再度墮入下三道。

於此輪迴苦海，哪裡才是我們求取護佑和解脫的皈依處呢？山岳、星辰、自然力量或大力人等這類的庇護，他們自己尚未脫離輪迴，所以也無從給予我們長久且普世的護佑。他們只會讓人失望。唯一無上、無欺的皈依處，自身絕無偏私分別、好惡迎拒且對一切眾生懷有普世慈悲者，就是佛、法、僧三寶。

佛以三身和五智顯現，具足了捨棄一切應捨、圓成一切應圓的所有功德。法是佛所傳授的教導，指示行者修道之途，並引領行者達至滅苦之境。僧則具有了知和解脫的一切尊聖功德，因此是具有善德的行者社群。

於祕密的層次，三寶乃體現於上師一人之中：其身爲僧、其語爲法、其意爲佛。上師就像如意寶，是一切皈依處的無誤總集，其究竟自性乃超越智識之心。憶念上師，即爲憶念諸佛。這就是何以當我們全然仰賴上師時，單單如此便能掌握皈依的完整要義和目的。

接著，邁向證悟的主要道途便是要生起菩提心。我們到目前爲止都還在分別敵友，哪些是我們想要拒絕的，哪些又是我們想要吸引的。但此時我們應該想到的是所有的眾生，要把他們當作自己的雙親那般，都曾以極大的恩慈對待我們，因而毫不加以區分。如果我們停下來想一想，雙親曾經如何爲了我們的衣食、利益和福祉而付出所有的光陰，自然的反應和希望就只會是想要表達我們的感激之情。

所有眾生都希望獲得快樂且避免痛苦，但卻因不知如何才是正確的方法，因此唯一的成效，就只是爲自己帶來更多的痛苦，種種行事都與想要達成的心願背道而馳。爲了使他們全都脫離痛苦並達至證悟，我們不僅必須生起強烈的慈悲心，也必須實際有所作爲，藉由修持六波羅蜜多來戮力行之。此六波羅蜜多即是：布施、持戒、安忍、精進、禪定、般若（透過明辨之慧來了悟無我之義）。

上師相應法

在所有修持之中，最能透過其加持而迅速達成我們目的和願求者，即是上師相應法（梵音 Guru Yoga，藏音 Lame Naljor）。上師相應法字面的意思爲「和上師的自性相融爲一」，它不僅是一切前行和正行的精髓，同時也是上述的基礎。雖說其爲究竟的法教，但人人皆可成就，無分根器高下。對遣除障礙、修道進展、領受加持來說，沒有比上師相應法來得更好的修持。藉由修持上師相應法所得的加持，我們將能在正行的生起次第和圓滿次第上一路進展，從而達至大圓滿的境界。

上師相應法爲世尊釋迦牟尼佛所傳八萬四千法門的精要。如人所云，過去、現在、未來的諸佛皆是透過追隨眞實上師而得以成佛。仰賴具德上師，乃菩薩的眞實道途。根據密咒乘的觀點，上師相應法爲所有修持的心要，並受到一切傳承的珍視，認爲其乃所有修持的核心。以噶舉傳承爲例，主要的一項修持即稱爲〈以「對上師的虔誠」爲道用〉。對薩迦和寧瑪傳承來說，也是如此。

有許多可以成就上師三身的方法，也有一些特定關於外、內、密、極密上師的修持①。我們既可說上師相應法是最容易的修持，但又可說其爲最

①以《龍欽心髓》為例，外上師修持，即為本書所說的上師相應法《如意寶》；內上師修持，則為蓮師成就法《持明總集》（*The Assembly of the Vidyadharas - Rigdzin Dupa*）；密上師修持中，蓮師顯現為觀世音菩薩的身相，該法稱為《大悲觀音痛苦自解脫》（*The Self-liberation of Suffering - Dukngel Rangdrol*）；極密上師修持中，主要為龍欽巴尊者，其心中有本初佛普賢王如來，該法稱為《上師成就法明點印》（*The Sealed Quintessence - Tikle Gaychen*）。

深奧的修持。此處我們所要談的上師相應法是以《龍欽心髓》的前行法爲脈絡，其稱爲「遍智妙道」（藏音Nam Khyen Lam Zang）。此前行法包括六個部分：四轉念（讓心轉離輪迴的四種思量）、皈依、發心（生起菩提心）、金剛薩埵淨障法、獻曼達，以及最後的上師相應法。要記住，進行所有修持——無論是前行或正行，都必須是在上師相應法的範疇之中，意思是要和上師的自性相融爲一，這一點有其重要性。

修持上師相應法時，我們祈願和虔敬的對象，是那位引發自己內在最深虔敬心的上師；而在這個修持中，我們讓他以蓮師——或稱蓮花生大士的身相顯現。蓮師曾經發下宏願，那就是於此末法時期，若有任何人對他具大信心、大虔敬，他的加持會比任何一尊佛都還迅速降臨。蓮師如此說道：

成就我者，即成就諸佛；看見我者，即看見諸佛。

這就是蓮師的誓願，而它絕非欺瞞。這是因爲，儘管蓮師對一切有情眾生都具有相同的慈悲，但其對現在這個末法時期的住世者則特別迅速且強大。思及自己的根本上師，我們將知道他的功德和諸佛的功德自性相同，然而他的恩慈卻比諸佛的恩慈來得更大，因爲他是在我們需要之時來到的。就以某一群同樣富有的人來當例子，其中最有善心的那一位，就是將自己的財富用來幫助窮困者和弱勢者的人。這個道理也適用於上師的恩慈。

若於修持上師相應法時，將自己的根本上師視爲與蓮師無二無別，則我們領受的加持也會是既強大又迅速的。當具有智慧和慈悲的了證上師，遇見了具有信心和精進的弟子，就如太陽的光芒因放大鏡的聚焦，而迅速打在乾草上時，乾草立即燃燒並化爲火焰。同樣地，我們所領受的加持，將恰恰相應於我們虔敬的強度。

上師相應法的正行有三個主要的部分：首先是觀想，其次爲向上師渴切祈願，最後則領受四種灌頂。

觀想

於佛經中講到，當阿彌陀佛等世尊尙爲菩薩時，在他們即將證得正覺的前夕，都會向諸佛作甚深祈願和廣大供養，祈願自己能顯現佛國淨土並於該處化現，以爲一切有情眾生帶來最大的利益。

然而，就金剛乘的觀點來說，所謂的佛國淨土尙有更深一層的意義。金剛乘的根本在於「清淨觀」，意思是對一切現象圓滿清淨的感知。爲了實修這種清淨感知，我們不將現在所處之地視爲只是凡俗的所在，而是想像其爲神聖的淨土。當我們念誦觀想文中的描述時，要思惟此處即是蓮師淨土銅色吉祥山，一切所現盡皆圓滿。大地爲黃金所造，樹木乃滿願之樹，雨降則甘露之雨。所有的眾生都是勇父和空行，鳥類的鳴囀都是佛法之音，風、水、火等自然之聲，皆迴響著金剛上師的咒語（蓮師心咒），所有的念頭皆表述著智慧和大樂。因此，這裡所講的清淨感知會比佛經中所說的來得廣大和無所不在。

於此自顯現淨土的圓滿環境中，我們觀想自己爲諸佛之母——或稱諸佛之源金剛瑜伽女，其和蓮師佛母依喜措嘉無二無別，身色亮紅、一面二臂，右手揮著鉞刀向天空揚舉，左手捧著顱器，其中充滿鮮血①。在她左手的臂

①巴楚仁波切在《普賢上師言教》（*Words of My Perfect Teacher*）中對此段的描述為，「她的右手擊奏著一支小顱鼓並高舉空中，將衆生從無明的沉睡中喚醒；她的左手倚著臀部並拿著一把切斷三毒之根的鉞刀」。如果觀想的重點在依喜措嘉，便依上述修持；若將重點放在觀想金剛瑜伽女，則如她一般的身相，手持鉞刀（鉤狀的刀子）和充滿鮮血的顱器。

彎中有一支狀似三叉戟的卡杖嘎，其頂上有一支金剛杵。她以舞蹈之姿踩在一具屍體上，其下為日輪、蓮花；右膝彎曲，以左足站立，穿著五種絲衣，具有八種骨飾莊嚴，分別為：寶冠、耳環、三種項鍊、手釧、足環、骨製下襬和寶帶，皆鑲有珠寶。她的三隻眼睛以熱切的虔敬凝望著上師，也就是蓮師。

於外相上，她是蓮花生大士的佛母依喜措嘉，具有諸佛的一切加持；於本質上，她是至尊度母的顯現，實行諸佛的事業並將諸佛的加持授予所有各處的眾生，以便為他們帶來利益。

在我們面前或頭頂上方的天空中，於一朵具有十萬花瓣的蓮花胚莖上，有日輪和月輪，我們觀想於此之上，端坐著鄔迪亞那的蓮花生大士——蓮師，他是一切皈依處和諸佛無二智的體現。蓮師的自性即爲我們根本上師的自性，而根本上師乃是對我們展現最大慈悲和恩德的那一位，因此我們對他有深切至極的虔敬心。

蓮師的外相爲俊俏的八歲童子，以此璀璨年少象徵他已證得不變的無死金剛身。他的膚色白裡透紅，身穿九乘法衣：內層爲白衣、中層爲藍衣、外層爲紅色帶有金色布塊的袈裟，分別代表密咒乘、大乘、小乘。他還著有僧裙，象徵聲聞乘和緣覺乘，並裹以深藍色的綢緞披巾，代表的是金剛乘。

他面帶微笑，表情半爲寂靜、半爲忿怒，表示他已了證究竟自性且降伏諸惡勢力。雙眼直視天空，此爲恆見諸法究竟自性的金剛看式。右手於胸前持著一支金黃色的五股金剛杵，不過，於末法時期，當邪魔猖狂且煩惱熾盛，則可觀想蓮師以降伏手印，將金剛杵揮舞於天空中。

其左手結著定印，並握著一只具足所有圓滿功德和性相的顱器，顱器中爲一只滿溢無死甘露的長壽寶瓶，象徵蓮師已然證得無死持明的果位。他以「國王遊戲」坐姿，右足稍微伸展，左足則是內屈。猶如沒有人敢違背國王的命令，輪迴三界之中也沒有誰會違背蓮師的指示，因爲他已然證得究竟的本初智。

五方佛部通常會以各自的標誌來描繪，分別是佛部的法輪、金剛部的金剛杵、寶部的珠寶、蓮花部的蓮花、事業部的十字金剛杵。此處，則以蓮師的五瓣蓮花寶冠作爲象徵，表示他屬於蓮花部，且是阿彌陀佛的化現。在他左手的臂彎處，有一支卡杖嘎三叉戟，代表著他的祕密佛母曼達拉娃。

要清晰觀想蓮花生大士的身相細節，甚至到了雙眼黑白分明、穿著皺褶精密的程度。他的色身並非由粗重的肉、血、土、石或黃金所組成，而是彷佛彩虹一般通透而鮮明的光芒。觀想他就在那兒，光耀燦爛地處於五彩虹光的廣界中，而此彩光充滿了整個虛空。

主要有三種方式可用來觀想蓮師和眷屬如何身處這種炫目的光芒中。第一種是觀想所有傳承上師，上至本初佛普賢王如來，下至自己的根本上師

（以蓮師為外相），從我們頭頂往上一一相疊而坐。第二種觀想則如市場聚集的群眾，或如堆積成團的雲朵，為一個大群聚。第三種是觀想蓮師單尊，其為「總集一切之寶」或「能使萬事具足之如意寶」。

儘管上述三種在本質上來說是相同的，但此處我們所使用的為第二種，也就是觀想蓮花生大士周遭圍繞著如雲聚的眷眾。眷眾中為持有八大法行的印度八大持明②，其中包括了獲得文殊身續部的妙吉祥友、獲得蓮花語續部的龍樹菩薩、獲得真實意續部吽千嘎拉③。另外還有新譯派一切大成就者，例如修持勝樂金剛而了證的金剛鈴尊者、修持密集金剛而成佛的因卓菩提國王；印度和西藏各自的八十四大成就者；蓮師的九位心子和二十五位弟子，和葉巴證得虹光身的八十位成就者；楚沃日的一百零八位禪修大師；揚宗的三十位咒師；謝札的二十五位成就瑜伽士；二十五位空行母、七位瑜伽女，和許多其他者；八大車乘的證悟上師和聖者；大班智達（印度學者）、已達成就的大師和持明；三根本所有的本尊：寂靜相和忿怒相的本尊；三處的勇父和空行；佛法的各類護法與守護者；與豐饒相關的本尊；伏藏的護法

②八大法行（Drubpa Kagyé，the Eight Sadhana Teachings，或稱八大修部）為瑪哈瑜伽續部（Mahayoga）的八部嘿汝嘎（Heruka）或主要本尊修法，分別傳予八大持明。

③八大持明中，妙吉祥友持有文殊菩薩忿怒相閻摩敵本尊之身傳、龍樹菩薩獲得馬頭明王本尊之語傳、吽嘎拉（或稱吽千嘎拉）則持有揚達黑嚕嘎（Visuddha或稱 Yangdak Heruka）本尊之意傳。

等。

他們遍滿天空，猶如極大的雲聚，儘管身爲蓮師的眷屬，自性卻與蓮師毫無分別，因爲他們全都是蓮師的化現。就如善財童子（藏人稱爲Bodhisattva Norzang，諾桑菩薩）曾經爲了建立吉祥善緣而承事兩百五十二位上師，我們也應該觀想這些眷屬是爲廣大的群聚，以便自己也能在生生世世中遇見諸多的圓滿證悟上師。而這些眷屬本尊也像主尊一般，並非如雕塑具有實體，而是好比水中月影那樣雖顯猶空。觀想他們各個清淨、圓滿，將能導正並停止我們對現象的凡俗不淨感知。思惟他們都懷著極大的悲心，面帶微笑地看著我們，並將他們全都視爲蓮師不同層面的樣貌。

如同我們早先說過，這個上師相應法的教導來自《龍欽心髓》，是由吉美林巴所取出的伏藏。以上講完了第一部分，說明關於成就此法所必需的觀想內容。

蓮師曾經親口誓言：

於吾具有深信者，
吾誓大悲眷顧之，
甚且絕不欺瞞之。

若無此等深切的信心，我們就不可能獲得任何加持；只要我們以始終如一、毫不退轉的信心和虔敬向蓮師祈求，則無所不能成辦。蓮師本身就是全然證悟的佛，能夠示現智慧、慈悲和力量。要記得，蓮師必然且絕對不會離棄我們，這是他所曾發下的誓言。

迎請

在建立觀想之後，我們現在要從淨土迎請智慧尊降臨。好比我們在邀請重要賓客時，會先打理房舍才邀請對方進入一般，我們也要懷著最深切的景仰心，以「七句祈請文」——又稱為「七句金剛誦」來邀請蓮師，而此乃蓮師祈願文中最精要的一篇。

當年，聖空行母眾唱此「七句金剛誦」時，阿彌陀佛心中放出了種子字「啥」（HRIH），降落在鄔迪亞那國土西北方的「乳湖①」中一枝綻放的紅色蓮花上，並化為一位八歲童子，即是蓮花生大士或稱蓮師。其後，當蓮師於八大尸陀林中禪修時，眾勇父和空行便唱此「七句祈請文〉，以邀請蓮師並懇請他轉動法輪。

「七句祈請文」總攝蓮師一切加持的精髓。正如蓮師所言：「於此祈願文，汝當以虔敬，全心且全意。」蓮師又云：

若有弟子渴切虔敬呼喚吾，
甜美之音唱此七句祈願文，
吾當迅即自銅色山淨土來，
猶如母親難擋孩兒之呼喚。

①指的是鄔迪亞納西北隅的達那郭夏湖（Dhanakosa Lake），梵文「達那」為財富，「郭夏」為寶庫。

此祈願文可見於一百零八位大伏藏師和一千位小伏藏師所取出的一切蓮師法教中，故而極爲殊勝、容易修持，且充滿了廣大的加持。

在迎請蓮花生大士時，我們念誦「七句祈請文」三次，同時觀想在前方虛空中，有銅色山淨土和蓮師與其眷眾，如持明、勇父和空行等。接著，我們將前方虛空所觀想的一切融入方才原本的觀想中。淨土融入淨土；金剛瑜伽女融入金剛瑜伽女；蓮師融入蓮師；本尊、勇父、空行等眷眾也一一融入相應的眷眾。如此，我們從淨土所迎請的智慧尊，便與我們最初觀想的誓言尊相融無別。

絕不要認爲淨土遙不可及，或懷疑佛眾是否會前來。因爲蓮師曾經說過：

於吾具有信心者，吾便現身其面前。

正如月亮之映照，於盛滿水之容器，投射而毋須費力。

七支虔敬修

同此，爲了領受蓮師的加持，我們也需要圓滿福德和智慧的資糧。能夠達此目標的方法中，最簡單且同時最精要者，便是稱爲七支的修持。此七支爲過往一切聖者所讚頌，其總攝了所有能夠積聚福德的許多不同方法。

一、頂禮

七支的第一支爲以頂禮表達敬意。以修持前行法而言，我們要完成十萬次的頂禮；這可以在修持皈依時，一邊頂禮、一邊念誦皈依文來完成；也可以在修持上師相應法時，一邊頂禮、一邊念誦七支祈請文來完成。好比人們在值得受人極大敬重的對象面前會變得非常謙卑，我們在蓮師和諸佛跟前作此修持時，應該會更加感到謙卑。

觀想自己爲平常的樣子，拋下所有的自大與傲慢，獻上頂禮以表達敬重。頂禮的方式有三種。最上等的方式爲懷持見地：認出我們的究竟自性，也就是如來藏。其次爲透過禪修：觀想自己化身無量，而所有化身都同時口誦七支祈請文並向皈依處頂禮，彷彿我們是在帶領一切有情眾生念誦祈願文那般。第三種則是生起信心和虔敬，對著皈依處屈身於地而頂禮。

頂禮的正確方式，包括要以五處觸地，也就是前額、兩手、兩膝都要碰到地上。另一種方式爲噶當派所用，則是投身向前，讓雙掌先行即地，之後才是雙膝落地。後者稱爲大禮拜，或五體投地，乃清淨三昧耶之衰損的極祕密方式。

在開始頂禮之前，首先要合掌於胸前，雙手不應貼平，而要保留一些空間，好讓雙手猶如即將綻放的蓮花花苞一般，這象徵我們的菩提心將要開展。接著，我們合掌於前額，思惟自己是向一切佛陀之身頂禮，並祈願：

願吾身之一切遮障得以遣除，

願吾領受加持而證得諸佛身！

再來，我們合掌於喉間，思惟自己是向一切佛陀之語頂禮，並祈願：

願吾語之一切遮障得以淨除，
願吾領受加持而證得諸佛語！

最後，我們合掌於心間，思惟自己是向一切佛陀之意頂禮，並祈願：

願吾意之一切遮障得以清除，
願吾領受加持而證得諸佛意！

接著我們頂禮，當五處觸地時，思惟自己的五毒皆清淨而成為五智。

頂禮的利益是不可思議的。如經所云：

每當你向佛陀世尊頂禮時，在你身體下方的微塵數量，便是你未來生世中投生爲轉輪聖王的次數。

二、供養

供養可包括物質的供養和心意觀想的供養。以物質的供養來說，要盡己之力作供養，尤其是傳統的七種供養，包括：水、花朵、燃香、燈盞、塗香、食物和音樂。以心意觀想的供養來說，可以想像自己供養山岳、森林、美妙的植物、花園、大海，以及情器世間一切裝飾和珍貴的物品。另外也可以觀想整個天空布滿了八吉祥徽和八吉祥物①，以及美妙的珠寶、宮殿和神聖花園。

進行上述供養時，我們不帶一絲想要獲得回報的期待，以此對治自己的貪婪和吝嗇。接著思惟諸佛由於慈悲和智慧，喜悅地接受了我們的供養，我們因此而得以累積福德。

①八吉祥徽（八瑞相）為：寶傘、金色雙魚、寶瓶、蓮花、右旋海螺、無盡盤結、尊勝法幢、法輪。八吉祥物（八瑞物）為：寶鏡、牛黃、酸奶、長壽茅草（durva grass，咸沙草）、木橘（bilva fruit，音譯「頻婆果」；另有說是木瓜）、右旋海螺、硃砂、芥子。

三、懺悔

我們以懺悔來清淨惡行、過失和毀墮，是因爲這些染污若不清淨，將阻礙自己證得成就。爲了清淨惡行、遮障和染垢，我們就需要仰賴四力，分別爲依止力、悔恨力、對治力和誓言力。

首先是依止力。當罪犯出現在法庭時，法官的身邊會有各類敬重公平正義的人們，同樣地，當我們觀想蓮師在自己的頭頂上時，他的周圍也有諸佛、菩薩和持明眾等。這些是我們表達悔恨和懺罪的對象。

其次是悔恨力。假使我們過去從未犯下任何惡行，就沒有要懺悔或修復的事情，因此，我們要認識到，從無數的生世以來，我們如何一再違越三種誓戒，也就是：別解脫戒、菩薩戒、密咒乘戒。若不清淨此等違越，它們將成爲內在的毒素，致使我們繼續在輪迴中流轉。

再來是對治力，此爲實際的懺悔修持。我們以懇切的虔敬心向蓮師祈願，想像從他的心輪放出無盡的光芒並融入自身。這些光芒清除並消融了我們的不善與惡業，使我們變得徹底清淨。最後，蓮師帶著燦爛的笑顏告訴我們：「汝之遮障已全然淨除。」

最終爲誓言力（或稱決斷力），意思是要做出毫不動搖的決定：「從今而後，就算危及性命，我也絕對不再縱容自己作惡。」

以此四力，便能清淨我們所有的惡行。如人所云：「所謂惡業，也算有其一好，那就是可被清淨。」

四、隨喜

每當我們想到別人所累積的善行，無論或大或小，此時若能打從心裡誠意隨喜，毫無一絲嫉妒，這種純然的隨喜將可爲我們帶來等同自己實際親爲那些善行的福德。思惟蓮師如何示現於此三千大千世界之中：他來到世上，離於任何煩惱的染污，透過無數化現而利益三界中的一切眾生，轉動法輪並教導了九乘之法。同理，如果我們全心全意地隨喜這些善妙之行，將可實際享有同樣的福德。當上師、弟子、閉關修行者或任何人爲眾生帶來利益時，我們若對他們所做的任何善行生起深切的喜悅，也能獲得同樣的福德。此等的隨喜應該要發自誠意、打從心底。

五、請轉法輪

於所有爲利眾生的佛行事業當中，最珍貴、最根本的便是轉動三乘法輪。釋迦牟尼佛在證得圓滿正覺後，曾有三個星期的時間都保持緘默不語，以此強調法教的稀有和珍貴。其後，梵天和帝釋天從各自的天界王國下凡，請求佛陀爲了所有眾生的福祉而轉動法輪。梵天獻上了一只千輻的金色之輪，帝釋天則供養一只右旋的白色海螺。由於兩位天眾的請求，世尊佛陀便於瓦拉納西的鹿野苑初轉法輪，講述四聖諦的道理。其後，則於靈鷲山二轉法輪，開示空性的道理；接著，再於各個不同的地方三轉法輪，闡明顯空不二的勝義諦。

我們若能以同樣方式請求上師依照眾生的不同需求和根器轉動法輪，也能享有上述的福德。而這樣的結果，我們便能爲種種教導和整體佛法做出極大的承事。

六、請佛陀與上師住世

證悟者所傳下的教導，乃是他們內在了證的表述，因此我們應該請求諸佛和上師不要入於涅槃，而要住於世間直至輪迴空盡。證得菩薩諸地的了悟者，不受凡俗生死的左右，而當他們事業圓滿，便將全數消融色身。由於上述的情況，我們就需要極盡懇切地做出勸請，希望他們長久住世，以便幫助一切有情眾生並帶領他們達至成佛的果位。

七、迴向福德

我們現在於此所做的迴向，包括以此七支祈願作爲供養所得的福德，以及我們過去和未來生世已然累積和將要累積的一切福德。而迴向福德的方式，則應仿效往昔諸佛菩薩那般讓一切有情眾生共享，而使這些福德無邊無盡；同時，還要離於對三種輪迴概念的執著，也就是毫無作者、受者、所做的「三輪體空」。後者意味著我們已然徹底了悟空性的見地，但就算我們目前尚未達此境界，每當我們迴向時，至少都應該離於任何的凡俗攀執。

虔敬與加持

虔敬心爲上師相應法的核心所在，事實上，虔敬心就是此修持的本身，其功德（特質）爲敬重、渴望，與熱切的信心。若無虔敬，解脫的種子將會凋零而死亡；若具虔敬，則證悟道上所有的尊貴功德都將綻放且茁壯。

身爲初學者，我們可能會發現自己的信心和虔敬並非油然而發，因此一開始有必要一而再、再而三地主動生起這種感覺，這是透過憶念上師的功德而爲，而其中尤以他帶領我們脫離輪迴和賜予我們甚深口訣的恩慈爲甚。爲了幫助自己想起上師的恩慈，我們觀想上師就在自己的頭頂上方，並以強烈的虔敬心向他祈願。如此的效果便是，我們造作而來的虔敬心將逐漸轉化而變得油然而發且持續不斷。當此虔敬心成爲我們念頭之流的一大部分時，僅僅提及或憶念上師的名號，所有凡俗的感知都將打住，擾人的情緒也不再生起，我們的思緒將一直流向上師，這表示自心一切所想唯有上師，完全被上師所迷住。

其後，無論我們遇見什麼福報，譬如財富、名望與善緣的增長，我們就要了悟那是來自上師的恩慈。但此同時，我們也知道，所有這些成就都猶如夢境，了無實質，因而離於任何傲慢或攀執。舉例來說，我們將能開心地善用此如夢的財富來供養上師。

另一方面，若是各種違緣和困境降臨在我們身上，或者受到他人批評，我們也會了解這些乃是自己過去生世曾經傷害他人的果報。我們一邊思惟要如何透過這次的苦痛來清淨業報，一邊向上師祈願：「請您賜予加持，讓我能夠清淨過去業行，且願我今受苦，能夠耗盡所有眾生之苦。」如此一來，我們將可把逆境視為上師事業的展現，目的是要幫助我們清淨各種遮障。

由於心中所想唯有上師，我們將生起一種熱切的虔敬心，使得雙眼噙滿了淚水。就如蓮師所言：

全然的虔敬，能帶來全然的加持；

疑惑的不存，能帶來全然的成就。

正是透過如此的虔敬心，對智慧的了悟才能於心中開展。從聲聞到無上大圓滿法教等九乘所有的尊貴功德，都是從上師的加持而來。因此，應將虔敬心視爲在修道上前進的主要種子、根源，以此來遣除障礙並究竟證得佛果。上師相應法的這個部分是以這段祈願爲起始，開頭的幾個字爲「至尊上師仁波切（蓮師）……」①，意思是「蓮師殊勝尊……」。

如果我們懷著至爲深切的熱望來作祈願，再加上這份祈願文是如此的殷切而動人，加持將會迅速入於我們的相續之中。當我們說「至尊」時，

①請見第頁「成熟悉地」。

意指蓮師乃是一切佛陀和本尊的主尊，也是一切壇城之主。「上師」的字面意思爲「重要者」，這意味著蓮師充滿著所有的佛果功德。「仁波切」意思是「勝妙的珍寶」。這種珍寶具有六種功德：稀有、無瑕、大力、無上、不變，且爲宇宙的莊嚴。

接著思惟，蓮師於外在層次是三寶的總集：其身爲僧寶、其語爲法寶、其意爲佛寶；於內在層次是三根本的體現：其身爲上師、其語爲本尊、其意爲空行；於祕密層次則是三身的合一：其身爲化身、其語爲報身、其意爲法身。由於本尊之中無一不是蓮花生大士的化現，因此蓮師又是一切本尊的總集。於無上密嚴淨土中，蓮師爲本初佛普賢王如來，同時也是金剛持佛。於報身佛的淨土中，蓮師爲金剛薩埵，同時也是五方佛。於化身淨土中，蓮師爲釋迦牟尼佛，同時也是蓮花生大士。簡言之，佛陀的所有化現，無一不是和蓮師無別爲一，因此，向他祈願，就等同向一切佛陀祈願。

帶著眞誠的懇切心向蓮師祈願，他將爲我們清除所有障礙，並讓我們能在道上前進。諸佛對有情眾生都有相同的大悲和大愛，但蓮師曾於數劫②當中發下大願，要利益如今這個艱困、衰敗時期遭逢如此多種折磨的受苦眾

②一劫相應於一個宇宙成、住、壞、空的循環，是一段非常久長的時期。請見頂果欽哲仁波切《證悟者的心要寶藏》（*The Heart Treasure of the Enlightened Ones*）英文版第二一八頁。

生。若能懷著熱望向他祈願，他將看待我們如親生獨子一般，迅即從西南羅剎所在之地來到我們面前。

當我們向蓮師祈願時，不應該僅僅是嘴中的文字，而要專心一致地打從心底、打從骨髓，心中盈滿虔敬地祈願。

想要證得遍智佛果的境界，就必須了悟一切現象的空性，進而藉此開顯於我們根本佛性中本具的智慧。就基礎性相乘而言，要達到這種了悟，必須於三大阿僧祇劫中累積福德。但經由上師虔敬心的法門，就連凡俗人等都能在一輩子當中獲得了悟，其關鍵就在於虔敬的力量和上師的加持。另一方面，如果期盼獲得了悟卻沒有信心和虔敬，就好像希望太陽能夠照到洞口向北的山穴那般。

無論所遇是苦是樂，不管所處爲輪迴的善趣或惡趣，蓮師乃是我們唯一的皈依，這一點應該隨時謹記在心。好比投石入湖，我們應該將自己的心全然交予蓮師，不作二想。

我們如今所在的時代，稱爲「五濁惡世」。比起黃金時代，我們的壽命較短，此爲「命濁」（壽命的衰敗）。另外，由於修持佛法和眞正依循佛法而行的人非常稀有，所以稱爲「業濁」（行爲的衰敗，又稱「眾生濁」）。這個世界上總有戰爭、饑饉、疾病的侵襲，而少有和平、快樂的可能，此爲「劫濁」（時期的衰敗）。整體來說，此等普世衰敗的根本原因，就在於不斷困擾眾生的強烈情緒，也就是瞋恨、貪求、癡妄（邪見）、傲慢和嫉妒，此為「煩惱濁」（情緒的衰敗）。最後，眾生甚至會背離佛法，此為「見濁」（見解的衰敗）。

我們必須覺醒，看清這個時代的危急和可悲，與其把它當作有趣和愉悅之源，我們應該覺得自己像是在鉤上扭動的魚。我們需要把心轉向蓮師，這位圓滿之佛曾特別誓言要救度此末法時期的眾生，因而我們以熱切和渴望來向他求助：「除了您之外，我別無他望！若您不護佑，我將沉淪至輪迴大海的更深處。」如此一來，蓮師的悲心之陽，將因我們虔誠心的放大鏡而聚焦，並燒毀我們無明和煩惱（毀滅性情緒）的乾草。

金剛上師心咒

儘管如今我們沒有福報親見蓮師或親聞其聲，我們至少有他的心咒，而此心咒乃蓮師以其智慧、慈悲和力量所加持，目的是要讓我們能夠像他一樣。這個心咒所含的種子字本身並不凡俗，而是具有能夠遣除一切障礙和賜予所有智慧功德的力量。

經典中說到，沒有哪個咒語較此「金剛上師心咒」所帶來的利益更大，而它的十二個咒字正是世尊佛陀「十二分教」的精要①。我們都知道讀誦整部大藏經的利益難以思量，若此十二咒字爲大藏經的精要，則可見這個咒語的加持力之大。其次，我們之所以會在輪迴中無盡流轉，乃是由於從無明生起至不斷受生此「十二因緣」的相互作用②。念誦這個十二咒字的眞言，能清淨此十二因緣，讓我們終究脫離輪迴。關於金剛上師心咒的解釋有很多角度，特別是以九乘觀點來談的九個次第，這類說明可見於噶瑪林巴所取出的伏藏、多竹千・吉美天培尼瑪的著作，以及其他的經典中。

①分別為：契經（音譯「修多羅」，因不限字句長短而又稱「長行」，指一般的宣說）、應頌（重頌，宣說於前而以偈頌結語）、記別（佛為菩薩或聲聞授記成佛名號）、諷頌（又稱「孤起」，單獨發起的偈頌）、自說（無人發問而佛自說）、因緣（佛說教化因緣）、本事（佛說各弟子過去世因緣）、本生（佛說其自身過去世因緣）、方廣（佛說方正廣大的教導）、希法（佛現種種神力不思議事）、譬喻（佛說種種譬喻以令眾生開悟）、論義（佛以法理論議如分類、描述、數量等作問答），又稱「十二部經」。

②又稱十二緣起支，分別為：無明、行（業習）、識、名色、六處（五根和心）、觸、受、愛、取、有、生、老死。

嗡啊吽

此為咒語的前三個咒字，代表三身，以及一切諸佛的金剛身、語、意。「嗡」（Om）相應於法身，乃阿彌陀佛的自性；「啊」（Ah）相應於報身，為大悲主尊觀世音菩薩；「吽」（Hum）相應於化身，顯現為蓮花生大士，蓮師。

班雜

「班雜」（梵文 Vajra ❶，藏文 dorje）指的是鑽石，也就是所有石材中最堅硬且最珍貴者。鑽石可以切斷一切其他的物質，本身卻沒有哪種東西可以切斷它。這就象徵諸佛不變、無二的智慧，能立即切斷所有迷妄和遮障，而不受無明所沾染或損毀。它也意指諸佛身、語、意的功德和事業，能夠利益一切有情眾生，從不因惡力所阻撓。金剛和鑽石一樣沒有任何瑕疵缺損，而其堅不可摧之力來自對法身自性——阿彌陀佛自性的了證。

咕如

先前曾經提及，梵文「咕如」（Guru，上師）的意思是「重要的、重大

❶藏人對這個字通常不會念其梵文音譯的「瓦加」，而是念成 benza，所以此處取其音譯「班雜」。

的、重的」。就如黃金爲所有金屬中最重且最珍貴者，上師也是一切眾生中最具份量且最爲珍貴者，而這是因爲他的功德不可思議且無有瑕染之故。在此，上師則相應於報身層面的觀世音菩薩，其具有報身佛的和合七支功德③。

貝瑪

「貝瑪」（Padma，梵文）的意思爲蓮花，指的是五方佛部中的蓮花部。此五佛部——佛部、金剛部、寶部、蓮花部、事業部的對應代表主尊爲：大日如來（毗盧遮那佛）、不動佛（阿閦佛）、寶生佛、阿彌陀佛、不空成就佛。蓮師爲阿彌陀佛的化身顯現，因此屬於蓮花部，和諸佛之語有關。佛經中有言，僅僅說出阿彌陀佛的名號，將可投生極樂淨土且永不再投生下三道。同樣地，念誦蓮花生大士的名號，也能帶來相同的了證。

③報身佛和合七支，或無上雙運七分（七個層面），依照頂果欽哲仁波切的解釋如下：一、無自性支：無論其所顯現的界剎、天宮或身相如何，寂靜或忿怒，都不是粗重的存在，而為空性的形色，具足一切無上功德。因此，我們說這些顯現具有無自性的功德。二、和合支：報身佛眾的密意充滿著不變、無二樂空的智慧。因此，我們說他們具有雙運（和合）的功德。三、大樂支：報身佛眾的身、語、意恆時都盈溢著大樂之味，無增無減。因此，我們說他們具有大樂的功德。四、受用圓滿支：於此界剎和天宮的主尊和眷屬，無論男女天眾，都未曾經歷苦痛，全然具足輪迴與涅槃的一切善好功德。因此，我們說他們具有圓滿樂受的功德。五、利生無間支：報身佛眾的大樂智慧不會受制於座上或座下瑜伽，乃是無增無減、不變不滅的。因此，我們說他們具有不受干擾、不會間斷的功德。六、大悲遍滿支：雖然自身已達如此善德，報身佛眾卻因大悲而恆時關注迷妄的有情眾生。因此，我們說他們具有密意盈滿大悲的功德。七、永住無滅支：報身佛眾的佛行事業遍於十方三世，隨時都在調伏眾生。因此，我們說他們具有相續不滅的功德。引用那爛陀翻譯委員會（Nalanda Translation Committee）所出版的《智慧雨露：噶舉道歌海》（*Rain of Wisdom*，尚無中譯）英文書第三四一～三四二頁。

諸多經典中也描述了六字大明咒不可思議的功德，也就是能讓我們達至菩薩諸地的了證。此觀音菩薩的心咒乃是金剛上師心咒的報身佛層面，對應大日如來④。大日如來的身形如同三千大千世界，雙手結定印，其上托一缽。有云，此缽中有一朵蓮花，其有二十五重花瓣層層相疊，各個相應於佛陀身、語、意、功德、事業的不同層面。譬如，「身」本身便有五個層面：身之身、身之語、身之意、身之功德、身之事業。據說，當今釋迦牟尼佛的化身淨土，就位於大日如來的心間，相應於「意之意」的花瓣層，也因此在這個淨土中，能夠教導並傳授珍貴的密咒乘——金剛乘法教。

悉地

「悉地」（Siddhi）的意思是「眞實成就」。憶念蓮師的身、語、意、功德、事業並向其祈願，將可獲得共（一般）與不共（無上）的兩種成就。共的成就，包括離於疾患且具有財富與昌榮；不共的成就，則是證得如同蓮師一般的全然了悟。

④見蔣貢工珠．羅卓泰耶所著《三千世界》（*Myriad Worlds*，雪獅出版社，一九九五）英譯版第九十八～一〇四頁。

吽

念誦「吽」（Hum）字有如在請求或迎請上師前來，加持我們獲得所有的共與不共成就。

我們的上師蓮師和這個咒語是無二無別的。因此，當我們以念誦咒語來稱呼上師名號時，就好像我們不斷呼喚某人而對方不能不回應那般，上師也不能不將其悲心轉向我們。所以，若能一心如此祈願，蓮師將立即前來賜予加持，這是絕對無庸置疑的事。當雨水落在地上，是一視同仁的，但唯有良好的種子可以發芽，而非腐敗的種子。同樣的道理，蓮師的悲心無有偏私，對所有眾生皆共同眷顧，然而，對具有虔敬和信心的人來說，他的加持將更迅速降臨。

唯有藉由佛陀的加持，我們方能證得了悟。因此，這類迎請蓮師名號的祈願文，必須發自骨髓、來自心底，如此一來，我們的虔敬心將逐漸變得自然而然且相續不斷。要記得，若無信心，便不會成就。舉例來說，當世尊佛陀在世時，有些人雖然能夠親見他本人、聽聞他開示，卻依然對他不具信心⑤。

⑤「善星比丘（Sunakshatra）為釋迦牟尼佛的同父異母兄弟，曾擔任佛陀的侍者二十四年，對大藏經十二分教的內容皆了然於心。然而於他眼中，佛陀的所做所為都在欺瞞世人，他最終做出錯誤的結論，認為佛陀和他之間唯一的差別，就在於佛陀周圍有六呎寬的光環……由於他連絲毫的信心都無，且所持的只有邪見，因此後來投生為花園裡的餓鬼。」見巴楚仁波切《普賢上師言教》（*Harper Collins*，哈波柯林斯出版社，一九九四）英譯版第一四七和二十一頁。

有些外道上師甚至想辦法要毒死他。類似這樣，當蓮師到訪西藏時，惡意的大臣也計謀策劃要殺害他。就這種人來說，根本不會有修道的成就。

這就表示，懷持相當清淨且眞誠的虔敬心有多麼重要。因此，作爲修持的所依，我們觀想外在周遭爲銅色山淨土，身邊眾生爲勇父空行，自身爲依喜措嘉，頂上爲蓮師，並且有眷屬圍繞。接著祈願，念誦七支祈請文和儀軌中的其他祈願文，並帶著信心，相信透過這樣的方式，成就必然得以開展。

傳承祈願文

大圓滿法教的傳續方式有三種：心意、表徵和口傳①。

首先為「諸佛密意傳承」，由於上師和眷屬的自性相同，因此不需要表徵或文字。這是從本初佛普賢王如來傳予金剛薩埵、再由金剛薩埵傳予極喜金剛的傳續方式②。

在極喜金剛之後，法教接著由妙吉祥友、吉祥獅子、智經和無垢友相接傳續。儘管這些上師以人身示現，但其實他們都是全然了悟者，故而對他們來說並無透過文字來授予或領受的必要。傳續的方式僅僅是透過「表徵」，譬如手印或象徵性的表述。當上師如此給予傳授，弟子立即能領會其涵義並全然了證了大圓滿的三部法教，也就是：心部、界部、口訣部。

「口耳傳承」則是從蓮師以降，透過個人而傳續。蓮師傳予了以下弟子，如：二十五位大弟子、葉巴的八十位成就者、謝札的二十五位成就瑜伽士等。蓮師的三大弟子爲：赤松德眞國王、毗盧渣那和依喜措嘉佛母（王、臣、妃）。其後，法教陸續傳到了遍知龍欽冉江，由他傳給大持明者

---

①此三種傳承為「諸佛密意傳承」（the Mind Direct Transmission of the Buddhas）、「持明表徵傳承」（the Sign Transmission of the Vidyadharas）和「補特伽羅口耳傳承」（the Oral Transmission of Realized Beings，了悟者口耳傳承：「補特伽羅」，意譯為「數取趣」，泛指「有情」、「衆生」）。

②有關此處所提及的傳承上師生平記事，可見於祖古東杜《舊譯寧瑪派伏藏傳承源流》（*Masters of Meditation and Miracles*，丹增卓津漢譯繁體版；另有土登華丹中譯簡體版《大圓滿龍欽寧體傳承祖師傳》）。

吉美林巴，後者再將這些甚深伏藏授予弟子。吉美林巴的四大弟子稱為「四吉美」，也就是「四無畏者」。其中，兩位主要的弟子為多竹千·吉美聽列歐瑟和吉美嘉威紐固，皆為觀世音菩薩的化現；其他兩位則是吉美郭洽和吉美哦擦。吉美聽列歐瑟後來將法教傳給大成就者多欽哲·依喜多傑，吉美嘉威紐固則傳給了蔣揚欽哲旺波，而多欽哲和蔣揚欽哲旺波都是吉美林巴眞實的化現。這兩個傳續後來相融於這三位大師：賈瑟賢遍泰耶、巴楚仁波切和堪布貝瑪多傑，他們則傳予了汶波天噶、紐修龍多、阿宗珠巴，以及第三世多竹千·吉美天培尼瑪和許多其他的上師。其後，這些不同的傳續再次相融為一人身上，也就是蔣揚欽哲旺波化現的蔣揚欽哲·確吉羅卓③。

此乃「補特伽羅口耳傳承」如何不間斷傳續至今的方式。儘管我們稱他們爲「補特伽羅」（個人），但這些上師其實都是已然了悟的登地菩薩。因此，爲了領受這些上師的加持，我們必須一心一意地虔誠向他們祈願。

大圓滿的修持

至於這些教法要如何修持，有幾個相應個人能力的方法。

③怙主金剛持蔣揚欽哲・確吉羅卓（一八九六～一九五九）為蔣揚欽哲旺波的事業化身，也是怙主頂果欽哲仁波切的上師。

對下士夫（一般人）根器而言，只要辨明如何取捨，將目標放在獲得今生暫時安樂即可。

以中士夫根器來說，他們將能認清輪迴三界的自性為苦，並藉此思量而體悟到人身的殊勝難得，因為此身乃是獲得證悟的所依。他們還會思量無常，並因分秒不忘死亡隨時將至而鞭策自己要持續精進。接著，他們將領會到自己的所做所為，乃是造成痛苦或快樂之因。由於見到輪迴處處皆有痛苦，故而將生起強烈的出離心，想要透過各種可能的方法讓自己解脫輪迴。

然而，單單希望自己脫離苦海，本身是不夠的。如前所言，我們需要仰賴嚮導、求取皈依。而至高無上者的皈依處，即是金剛上師，一位具足成就徵兆的眞實具德上師。一旦我們找到這樣的上師，就需要如保護自己雙眼那般謹愼地保護師徒之間的精神連結。

爲此，我們要以三種不同的方式聰慧而爲。首先，應該要聰慧地尋找眞實上師，並藉由了解上師的生活和法教來檢視他的功德。接著，在我們找到這樣的上師後，應該要聰慧地完美承事上師，並依循上師教言的字字句句。最後，則應該要聰慧地透過修持而了證上師的教言。若能於此三者聰慧而爲，我們將毋須勤作且毫無錯誤地行於道上。

至於如何讓上師喜悅且滿願，也有三個層次。最上等的方式爲經由禪修和行止來了證見地，並因如此的修持而獲致證悟的無上成就。其次是以自己的身、語、意來承事上師。其三則爲對上師的事業和法教進行物質方面的供養。

在大乘法教的道上，我們是透過皈依和發菩提心而前進。其後，爲了遣除阻礙修道的遮障和惡行，我們修持金剛薩埵懺罪法；而爲了透過積聚福德來累積善緣，我們作曼達供養。最後，我們來到了上師相應法，此爲讓自己覺醒和智慧生起最必要的修持。

這些修持背後的旨意，不僅僅在於進行禪修或特定的行爲，或只是爲了念誦大量的祈願文。它們乃是達到我們主要目標的不同方法，而這主要目標便是訓練並轉化我們的心。如人所云：

轉化自心，你將變得圓滿；
一切大樂，來自調伏此心。

因此，要有堅定的決心，決定：「從今直至命終，無論何時何刻，我將精進修持。」如果能夠這麼來做，我們最後將如密勒日巴尊者那般，成就讓上師喜悅的最上等方式：獲致證悟。上師之所以來到這個世上，爲的就是要爲我們指出修道，所以，讓上師滿願的最佳方式便是了證這些法教。然而，就像吉美林巴所指出的：「學識理論好比補丁，有朝一日將會耗損。」我們必須將這些法教融入自身體驗，讓它們成爲我們內在相續的一部分，否則它們本身其實並無多少益處。

最後，就上士夫根器來說，則有甚深的生起次第（屬於瑪哈瑜伽）、圓滿次第（屬於阿努瑜伽），以及至高無上的大圓滿修持（屬於阿底瑜伽）。

瑪哈瑜伽

在值遇珍貴上師、受其納為門徒且領受甚深教言之後，我們便要將這些教言付諸實修。為此，我們需要將自己對外在現象的不淨感知轉化為無盡清淨的視界。

在修持內續時，我們需要體悟到「一切」都是本初清淨的。依此，外在世界的大種（元素）並非視為凡俗之物，而是五方佛母。身體內在的五蘊亦不視為凡俗之物，而是五方佛。同樣地，八種心識和其八個對境，則被視為八位男性和八位女性的菩薩。藉由這種感知方式，我們不僅得以見到一切現象的清淨，也能感知到「輪迴涅槃的大平等性」。不久之後，我們將不再把輪迴看作某個應當棄捨的東西，或把涅槃看作某個應當證得的東西；而是將兩者視為且了解為「大清淨和大平等的雙運」。然而，這種境界並非某個要去重新造作的東西，它其實從本初以來一直都在那兒。

生起次第——或說瑪哈瑜伽的精要，就在於認識到一切顯相皆為本尊、一切音聲皆為咒語、一切念想皆為法身。此乃極其甚深之道，藉此，我們將可實證佛陀身、語、意的所有功德。我們稱之為「實證」，是因為它們不過就是事物本初自性的表述，只是現在得以開顯罷了。

阿努瑜伽

圓滿次第——或說阿努瑜伽的修持，乃基於六瑜伽法，分別是：道之根本——拙火瑜伽、道之基礎——幻身瑜伽、道之證量——睡夢瑜伽、道之本質——光明瑜伽、銜接修道的中陰瑜伽，以及接續完成修道的遷識瑜伽。

阿底瑜伽

大圓滿——或說阿底瑜伽的修持，則是要了證「如來藏」，或說是「佛性」，其自本初以來就在且爲我們眞實的自性。此時，單只專注於涉及智識作用和概念的造作修持，並不足以達到這個目標。爲了識得本顏，就應該要全然超越造作而修。修持本身就是爲了體悟空性和智慧的妙力，而這並非任何智識概念可及。如此，對於究竟自性的眞實了悟，稱爲究竟之果。

此時，我們的本覺受到心意活動的全然包覆和遮蔽，被纏縛在心裡。透過「立斷」（斷除一切貪執，藏文Trekcho，音譯「且卻」）和「頓超」

（現證，藏文Togal，音譯「妥嘎」）的修持，我們將可彰顯本覺並使其妙力生起。

爲了達此成就，我們便需要修持「四全放」（藏文chokshyak[1]），並藉此於「立斷」修持中獲得全然穩固。接著來到「頓超四相」，也就是自然生起座輪、光芒、本尊和淨土之相。此四相原本就是在連接心和雙眼的中脈裡自然生起，而這種從中脈生起之相，會以逐步的過程出現。好比（陰曆）上旬的月亮從初一到十五漸次增長，此四相也是逐步增長——從單純只有幾個光點，到全然展現報身佛的淨土廣界。如此，虛空和覺性的顯現將達到頂峰。

與先前的經驗不同，上述經驗和心識，與智識都毫無關聯，它們乃是眞實的顯現，或說是覺性的妙力。於此之後，如同月亮會從（陰曆）十六到三十遞減而消失，所有這些經驗和四相等一切現象，也會漸次耗盡而再次融入法界。此時，建構主體和客體之分的妄心將消失，超越智識的本智則逐步開展。最終，行者將證得具有六殊勝功德的本初佛普賢王如來之圓滿正

❶四全放（the four ways of leaving things in their natural simplicity）為大圓滿立斷竅訣：身如山全放、眼如海全放、行為自解全放、覺性任運全放；又譯為「四直定」：見量如山直定、修量如海直定、行量顯現直定、果量覺性直定。英文直譯的意思為：就讓事物於其自然離戲中的四種方法。

覺④。

此一修道，是爲上上根器者所設，而他們將能即身成佛。對中等根器者而言，則有關於中陰解脫的教言。而當我們說中陰（過渡階段）時，實際上共有四個中陰：生處中陰（從受生到死亡的中陰）、死亡中陰（臨終時刻的中陰）、法性中陰（究竟自性的中陰），以及投生中陰（進入未來存有的中陰）⑤。

生處中陰，即爲我們現在的狀態。爲了摧毀這個中陰裡的所有迷妄感知或迷妄念想，究竟的修持便是上述所言、包含「立斷」和「頓超」兩大法門的大圓滿阿底瑜伽。此一修持的究竟之果，則是由粗重五蘊組成的凡俗色身

④普賢王如來（Samantabhadra）解脫的六種殊勝功德，分別如下：

一、此等解脫於我們的覺性生起，為覺性之遊舞，不帶有來自攀執此遊舞為外在現象的迷妄感知。

二、此等解脫超越「本基」和「本基所顯」的層面，若非如此，則當現象於本基生起時，便有可能落入迷妄。三、若能認出離於一切遮障的本智，於此當下，於本智空界中自然安住的所有功德都將任運現起。我們了悟到阿賴耶識（amorphous basic consciousness）上所累積與各種業習相關的遮障，自本初以來即是清淨的。好比太陽破雲而出，我們全然超越了輪迴之基。四、於此同時，出世慧成熟為究竟自性身，我們證得本淨的境地而能恆時不變地安住其中。五、我們對自身覺性的實證，並非來自外在情境，而是來自覺性本身，且與任何條件無關。成佛的境地是透過覺性對其自性的認識而達到，覺性為自證自明的。六、解脫的基礎從本初以來就安住於其自性相續中，不受迷妄之因所侵擾。

⑤這四種中陰又稱為：生處自然中陰、死亡痛苦中陰、法性光明中陰、投生業力中陰。見索甲仁波切（Sogyal Rinpoche）《西藏生死書》（*The Tibetan Book of Living and Dying*，哈波出版社，九九二）和策列那措讓卓（Tsele Natsok Rangdrol）《正念明鏡：中陰成就無上密法》（*The Mirror of Mindfulness: The Cycle of the Four Bardos*，香巴拉出版社，一九八九）。

譯註：bardo 或稱為「中有」、「中蘊」，基本上就是介於兩個狀態中的階段。

將消融而成為「大遷轉虹光身」，或「金剛身」，或完全消融而不留任何物質。

但即使我們無法於此生就達到究竟了證，在死亡的時刻，還是有機會獲致證悟。當我們臨終時，若自己的上師或親近的金剛兄弟姊妹能在身邊，提醒我們關於引介自心本性的教言，我們又能憶念起自己修持的體驗並安住於心性中，我們便能達到了證。如此，便有可能直接離去而到達淨土，毋須經歷中陰階段。如果無法做到這一點，就要等到法性中陰或究竟自性生起。那時，法身的「基光明」將會出現，我們若能將自己生前修持所認出的「子光明」和此基光明——又稱為「母光明」相融，便能於法身中解脫。

如果那時還是沒有解脫，則將出現無數的顯相，包括種種聲音、明亮和光耀。這些化現和所見，將使我們遭到巨大恐懼的打擊，但若我們修行得不錯，將能了悟到此時沒有必要害怕。我們知道不管那些顯現的本尊是忿怒相或寂靜相，全都是我們自己的投射而已。若能認出這一點，我們就必然可以在報身佛的淨土中解脫。

然而，如果這一點還是做不到，隨之而來的就是投生中陰。若能在此時立即修持，將可於化身佛的淨土中解脫。

於本質上，普賢王如來的本初自性有如了證的基礎或「母」自性，由上師為我們引介的自性則如「子」自性。當此母子相遇，我們將證得圓滿了悟並獲取證悟之果。

就算是無法於此生或中陰得度的凡夫，也能在化身佛的淨土中證得上述。

總括而言，透過「立斷」和「頓超」法門的修持，我們將可於此生當中達到法身的究竟了悟，也就是本初佛普賢王如來的證悟境界。這是最好的狀態。若非如此，則可在三個其他的中陰得到解脫，也就是：死亡中陰、法性中陰、投生中陰。即使還是沒有達到解脫，我們仍可藉由修持大圓滿的善德或法教本身的加持，而放開痛苦並得到解脫。只要能和大圓滿法門結緣，無論是透過看見教導或上師、聽聞上師或教導、穿戴殊勝咒語或經文、服用甘露等方式，都可相應獲得見解脫、聞解脫、觸解脫、嘗解脫等。如此的結果便是我們將能在五個化身佛淨土之一者獲得解脫，此五佛即是大日如來、不動佛、寶生佛、阿彌陀佛、不空成就佛，而最終則達到中央淨土「熾燃火山尸陀林」⑥。

⑥此中央淨土為忿怒本尊壇城的中央淨土。依照寧瑪派較高續部的觀點，入此淨土乃相應於究竟證悟。

四灌

透過金剛乘的善巧方便，修行者可領受以光芒為相的上師加持，此即是灌頂（梵文abhiseka，藏文wang）。稱為「灌頂」（開許）是因為當我們領受時，便獲得可以修持某特定法教的授權，以便其後能通達了證之。我們大多數人都已從具德上師處獲得灌頂，但若要延續灌頂的加持之流並使其力量開展，我們就需要藉由上師相應法的修持一而再、再而三地自己領受四種灌頂。而這其實是上師相應法中最精要的部分①。蓮師曾親口說到：

若每年領受一次灌頂且此生壽達百歲，便有總加為百次的灌頂。
其後，即使不得不投生於畜生道，也會成為其中的王者。

灌頂乃是領受上師身、語、意、智慧加持的最根本之道，其能遣除我們自己身、語、意、內在智慧的遮蔽和蓋障。

寶瓶灌頂

蓮師的前額中央有白色的「嗡」字，從中放出明亮的白光，彷若「晶瑩水透之月」在照耀，光芒融入自己前額中央所觀想的白色「嗡」字，並充滿

①見祖古東杜於所著《證悟的旅程》（*Enlightened Journey*）中關於「前行儀軌領受四灌」（Receiving the Four Empowerments of Ngondro Practice）的說明，英文版第一九一～二三〇頁。

全身——我們此時依然觀想自己為金剛瑜伽女。藉此，我們因身體所造惡業而致的所有染污和遮障都得以遣除②，身脈也得以清淨。

在我們身體中有三個主要的脈，然而由於無明和迷妄，在其中流動的乃是業風，致使連接左右脈進入中脈的地方有二十二處打結，進而阻擋了智慧風的流動，因此造成了迷妄的感知。若能將這些盤結雙雙解開，我們將能證得從初地到十一地的果位，也就是成佛。

藉由在第一個灌頂中領受上師的身加持，我們身脈中的一切遮障、染污、不淨都得以清淨。我們獲得了寶瓶灌頂，授權我們可以禪修生起次第——換句話說，就是禪修本尊。我們或許會問：「禪修本尊的意義為何？」這類禪修能讓我們體悟到所有顯相「爲」本初清淨：宇宙「爲」淨土，一切眾生「爲」勇父和空行、上師的顯現，一切音聲「爲」咒語的自然迴響，一切念想「爲」智慧的活動。我們目前都受到顯相所欺瞞，以至於每當見到美妙的身相就受到吸引，每當見到醜惡的身相就加以拒斥或感到嫌惡。這正是導致我們流轉輪迴的原因。

透過生起次第的修持，清淨的感知將會生起，此爲迷妄已然遣除的徵兆。實際上，所開顯的就只是事物的本然狀態，譬如，五大「爲」五方佛

---

②身體的三種惡行為：殺生、偷盜（不予取）、邪淫。

母，五蘊「爲」五方佛。

由於領受了第一個灌頂，證得「異熟持明」果位的種子，便就此種下③。到了這個階段，行者的心已然轉化或成熟，而成爲智慧。儘管目前色身依然猶如外層的包裹，但並非由凡俗五蘊而成，且能在臨終時刻隨時消融爲智慧身。就像被放在乾燥地面上的魚鐵定活不了多久，自心已然解脫爲智慧的瑜伽士也能知曉，這將是他最後的凡俗色身，一旦死亡之際此物質的外皮毀壞，他將證得解脫。異熟持明的果位相應於經乘五道當中的資糧道和加行道④。藉此灌頂，了證化身（或稱應化身）果位的種子，便於我們的相續中種下。

祕密灌頂

第二個灌頂能賜予我們上師的語加持，稱爲祕密灌頂。從上師喉輪的紅色「阿」字，放出色如紅寶石的無邊明耀光芒，融入自己喉輪所觀想的「阿」字，並充滿全身，清淨我們因言語所造的四種惡業：妄語、綺語、惡口、兩舌。

我們的身體有三種組成：脈、氣、明點。第一個灌頂能清淨脈，第二個

③或「有餘持明」（knowledge holder with residues），見祖古東杜《證悟的旅程》英文版第二二八～二三〇頁。

④五道指資糧道、加行道、見道、修道、無學道。

灌頂能清淨氣（風、息），使得原本導致貪愛、瞋恨和所有凡俗妄念和行爲生起的氣，得以淨化而成爲智慧風。業風好比盲馬帶著跛者——也就是我們騎乘其上的心，四處奔馳。由於風、心如此密切相關，當業風清淨爲智慧風，迷妄心也能清淨爲本智。因此，當紅色的光耀充滿全身和諸脈時，我們相續中的樂空智慧便如曙光初昇，此即是領受第二個灌頂。

祕密灌頂授權我們可以修持咒語的念誦。我們或許會問：「咒語何以如此重要？」這是因爲它們並非僅只是文字或凡俗的聲音，乃是由本尊加持而等同本尊。咒語也包含了本尊的名號，因此好比我們一再呼喚某人而對方不得不回應那般，本尊也必然會賜予加持。

就四個持明果位而言，第二個灌頂將能令行者證得「無死持明」（或稱壽命自在持明）。這個名稱本身就表示該行者已然了悟究竟的不變自性，且其身和心都已轉變爲智慧。

以四身來說，這個灌頂所種下的是了證報身（或稱受用身）的種子，其中則會顯現位於五方的聖眾淨土，此五方包括了中央和四大方位。

智慧灌頂

第三個爲上師的心或意灌頂，稱爲智慧灌頂。蓮師心間有一個「吽」字，顏色如秋日天空之蔚藍，從中放出無邊的耀眼藍光，融入自己所觀想於心間的另一個「吽」字。光芒充滿全身，清淨我們因心意所造的三種過失或惡業：貪愛、瞋恨、邪見（愚癡），我們因此領受上師心意的加持，而上師的心意乃一切諸佛的無二智慧。

就三個身體組成而言，這個灌頂所清淨的是明點，也就是乘載於氣而流動於脈的能量。這些明點有紅、有白，在平常狀態下乃是不同苦樂經驗的來源。當它們獲得清淨時，心的一切遮障和潛藏習性便受到淨化，而使究竟智慧得以生起。

我們獲得授權，可以修持「寂止」和「勝觀」的不同禪定法門，並藉此認出上師的眞實自性。

事實上，所要了證的空性，本身並無物質、顏色或形狀，在我們認出時，將會體驗到智慧的大樂。如此大樂乃是遍於一切處的，且和凡俗迷妄的大樂毫無關係，乃是透過拙火修持所來。行者於拙火修持中，觀想在自己的臍輪下方，有個類似藏文字母「ཨ」（A）右邊筆畫的地方，由此放出火焰，燃燒得又急又烈。火焰透過身脈而上升至我們在頂上所觀想的白色「吭」（Ham）字，「吭」字因火焰觸及而開始滴下珍貴的甘露，並充滿全身，行者因此體驗到不受凡俗情緒所染的大樂。

藉由智慧灌頂，我們證得四種持明果位中的「大印持明」（或稱大手印持明）。當蓮師為弟子授予普巴金剛（或稱金剛橛）灌頂時，他現身為壇城中央的普巴金剛。此等展現無數智慧身相的能耐，乃是證得大印持明之果與功德，表示其身、語、意都爲智慧所遍滿。

就四身來說，此一灌頂能建立我們和了證法身（或稱實相身）的吉祥緣結，而法身即是心的清淨相。

句義灌頂

第四個灌頂稱爲究竟自性的勝義灌頂。從上師心間的藍色「吽」字放出另一個「吽」字，如流星般射入我們的心，使得自己全身上下瞬間充滿了光芒。所有遮蔽了證的細微染污都因而清淨，而迷妄的感知、主客二元的攀執和潛藏的習性也就此遣除。「普基」上的細微染污也得以清淨。此普基乃是含藏過去殘存業行、串習和習氣之處，而上述殘存將造成證悟道上的障礙。依照經乘的看法，遮蔽了證的細微蓋障，唯有在達到十地菩薩果位時方能得以清除。然而，根據密咒乘的觀點，當行者見到無瑕無染的覺性，且覺性變得一如天空寬廣，則所有遮蔽了知的細微染污都能消融。

此時，種種因身、語、意所造十惡業而致的細微染污，尤其是障蔽「金剛智」的染污，都得以清淨。於此，金剛智指的是上師證悟身、語、意的無二無別。儘管我們在世俗諦的層面會將金剛身、語、意加以區辨，但它們在實相上乃是同一個自性的各個層面，此同一自性即是金剛智。佛陀之身不是有爲法（物質組合），其有如天空；佛陀之語爲八萬四千法門之源；佛陀之意爲純然的覺性。然而佛陀的身、語、意並無分別，此三者中的任何一者，都能展現其他兩者的功德。

這個灌頂之所以稱爲「句義灌頂」（象徵灌頂），是因爲它所指爲究竟智慧。然而，單只是指出並非智慧的本身，因爲文字無法描述此一究竟實相。透過這類灌頂的加持，也就是上師加持的傳遞，能使我們實際了證這個智慧。

以此灌頂，我們獲得授權，可以禪修大圓滿法，並達至「任運持明」的果位——等同成佛的果位，以及無別三身的自性身（或稱體性身）。

由於上師的加持，我們的身、語、意和上師的證悟身、語、意將能相融爲一。此處，我們就純然等持安住於空性和清淨覺性的狀態。

在這個修持結束前，我們對上師生起更爲強烈的虔敬心，上師的悲心和慈心也因此變得更加光燦，並以大愛微笑看著我們。接著從他的心中放出紅光，如流星般射入我們的心，使得全身盈滿了不可思議的大樂。當此大樂體驗出現時，我們的身體融爲一團紅光，大小如卵，並逐漸濃縮成極爲明亮的紅色光點。此光點就像火光，剎那射出並融入蓮師的心中。於是我們安住在此狀態中，自心與蓮師的智慧心無二無別⑤。

⑤這也是臨終遷識法（phowa，音譯「頗瓦」）的修持。

一般來說，我們的心一直會記住包括善或惡、樂或苦的不同念頭和行爲，然而若加以檢視，會發現過去的念頭如今早已徹底不見，向屍體一般死去。未來的念頭還未生起，我們根本不曉得今晚的心中會出現什麼念頭。因此，過去和未來的念頭並不存在。接著，如果我們也來檢視現在的念頭，會發現就連這個也不存在，實際上什麼都沒有，只有空性。

因此，純然安住在如此認出的狀態中，清新且鮮活，沒有任何的戲論。相較於上師的自性，我們的心並非較劣等；於是，一切都相融爲同一個自性。在這個本然狀態中，我們應該盡力安住，使其越長久越好、越頻繁越好。

上師相應法之要

持，或稱遷識——將心識遷至淨土，而進行頗瓦最深奧和精要的方式，便是上師相應法。

最後，則以甚深的祈願文來封印上師相應法的修持：

願我及一切有情達至修道的最終目的：了悟究竟自性！

既然得此人身、值遇上師、領受教言，並且付諸實修，

願吾等能令四灌頂的種子綻放爲四身，如此遣除四障！

藉由成就四身，願吾等獲致究竟證悟！

應該以三善法爲主軸。首先，修持並非爲了一己，而是爲了一切有情眾生，因此我們生起最爲殊勝的態度，也就是希望引領所有眾生達至證悟的心願。

其次，當我們按部就班而進入前行儀軌時，對於修持的正行要專心一志，這包括了四思量、皈依和發菩提心、金剛薩埵懺罪法、曼達供養，以及上師相應法。無論是身的行爲、語的念誦、意的禪定，都應該要一心一意且無有散漫。當我們專注在身體的行爲時，絕不能讓自己的口語陷入凡俗的對話當中。當我們口中念念有詞時，絕不能讓自己的心意各處遊蕩而遠離修持。因此，主要的修持便在於專心一志、離於攀執，如此一來，我們從修持所得的利益就不會因外境而失控。對於程度較好的修行者來說，上述第二個重點的意思，則是要恆時安住於萬法空性的了悟中。

第三個善法是要以迴向修持福德來作爲總結。我們將過去所累積、未來將累積的一切福德，都迴向給一切有情眾生，願他們都能證得佛果。在迴向時，我們在迴向發願時，應該如同諸佛菩薩迴向廣大福德那般，懷著廣闊無垠且寬宏大量的心態而爲之。

結語

這個上師相應法的儀軌出自《龍欽心髓》的傳承。不過，屬於某一傳承並不表示它就因此有所限制。雖然我們在此是將蓮師作爲修持的主尊，而新譯派是將金剛持佛作爲上師相應法的主尊，但兩者在自性上其實是相同的。重點是要以眞誠的方式來修持前行儀軌，此爲讓正行具有堅固基礎的「唯一」前提條件。若不修持前行儀軌，到了正行將無法抵擋妄念，以致隨境而轉、毫不安穩，根本達不到究竟目標。好比在冰凍的湖面上建造美妙的大樓，不該略過前行的基礎而直接開始修持正行。接著，如吉美林巴在某一文本的結語偈誦中所言：

成就前行法，最終將投生銅色山淨土。

因此，儘管目前你可能住在離佛陀教法起源處很遠的國家，但還好你因爲有些福報，而能夠遇見佛法並開始修持。這表示你和佛法有善緣。不過，爲了要在修道上前進，你需要找到一位具德上師，否則所有的努力都將白費。找到了上師，就應該依照他的教言修持，同時要記得，前行儀軌乃包含了經、續（顯、密）修道的一切要點，而你能夠修持前行，眞的很有福報。

我個人從上師蔣揚欽哲．確吉羅卓處多次領受了這個法教，也從雪謙嘉察仁波切處領受過，如今，我已將所有精要與諸位分享。

上師相應法儀軌

出自《龍欽心髓》前行儀軌①

觀想

奇矣哉！

吾自任運圓滿現，無邊清淨之界剎，

處處莊嚴且圓滿，吉祥銅色山中央，

吾身金剛瑜伽女，

一面二臂亮紅色，手持鉞刀和顱器②，

雙足優雅舞立姿，三眼凝望虛空中。

十萬瓣蓮頂上綻，其上日輪與月輪，

無別根本上師者，皈依總集化身現，

無上化身佛身相，湖生金剛蓮師尊。

年少童子光燦身，膚色白裡且透紅。

身穿大氅與法衣、咒士披巾與法袍，

①這段上師相應法的修持儀軌，是依照蔣揚欽哲．確吉羅卓所傳的方式來安排。英譯有一部分出自索甲仁波切，一部分則出自本覺會翻譯小組（Rigpa Translations）。譯註：由於英文和中文語法不同，只能在翻譯時盡量按照英文原句來排列段落，並參考圖登諾布仁波切所著《開顯遍智妙道》（慧光集第二十八冊）裡相關儀軌的藏文中譯。

②請見頁五十九註解。

國王遊戲姿而座，一面二臂持法器，
右金剛杵左顱器，無死寶瓶於器中。
蓮師頂冠上戴有，五瓣蓮花柔和帽，
左臂彎擁卡杖嘎，隱示樂空無上母。
住於彩虹光環中，粼粼光暈且閃耀。
外圍環繞網鬘光，白藍黃紅與綠色，
是為赤松德貞王，彼等二十五弟子，
印藏持明班智達，成就者與本尊眾，
空行護法具誓者，全數聚集如密雲，

明空廣大平等中，清晰鮮明作觀想。

七支祈請文

吽！

鄔金剎土西北隅，

蓮花梗莖花蕊中，

殊勝稀有成就者，

世稱聖名蓮花生，

圍繞空行眷屬眾，

我隨汝尊而修持，
請賜加持祈降臨！
咕如　貝瑪　悉地　吽

七支虔敬修③

頂禮

唅！
吾身化現微塵數，
盡皆向您作頂禮。

供養

實設意變以等持，
廣大供印獻宇宙。

懺悔

身語意所造諸惡，
法身光明中懺淨。

③此七支各有其相應對治的煩惱：頂禮對治傲慢；供養對治貪愛、吝嗇、卑鄙和貧困；懺悔對治瞋恨和怒氣；隨喜對治羨慕和嫉妒；請轉法輪對治愚癡、無明；請佛陀與上師住世對治邪見；迴向福德對治易變和疑惑。

隨喜

無論世俗或勝義，
隨喜一切善德行。

請轉法輪

請依不同眾根器④，
轉動三乘之法輪。

請佛陀與上師住世

乃至輪迴未空前，乃至眾未度盡前，

祈請住世勿入涅。

迴向福德

三世所積善福德，

迴向眾證無上覺。

④此句乃由蔣揚欽哲旺波所撰寫並加上，藏文的意思是：「請為三類弟子衆……」，而這三類有可能是指聲聞、緣覺和菩薩，或是上、中、下三士夫。

成熟悉地

至尊上師仁波切，
汝爲一切如來之，
大悲加持之總集，
眾生唯一之怙主。
吾之身、財、心、神識，
毫不遲疑皆獻上！
從今直至證菩提，
苦樂善惡或貴賤，

全然仰賴蓮師尊，蓮花生您知鑒我，思及、啓發、指引我，讓我與您合為一！

嗡啊吽　班雜　咕如　貝瑪　悉地　吽

迎請加持

吾無他人可求助；
於此惡世鬥諍眾，
陷於難忍劇苦沼。
大師尊請令度脫！

智慧遊戲水映月，金剛薩埵報身佛；
具足一切佛功德，極喜金剛化身佛；
於汝等尊吾祈願：賜予加持與灌頂！
吉祥獅子——勝義佛法之寶藏；
妙吉祥友——九乘法教轉輪王；
智經尊者；大班智達無垢友❶；
於汝等尊吾祈願：示現解脫自心道！
贍部唯一之莊嚴——蓮花生大士；

汝之無上心子眾——赤松德真、毘盧渣那、依喜措嘉等；
智慧心意伏藏大海取藏者——龍欽巴；
空行虛空寶藏受託付者——吉美林巴；
於汝等尊吾祈願：賜予解脫與果熟！

❶極喜金剛，音譯「噶拉多傑」（Garab Dorje）；吉祥獅子，音譯「師利星哈」（Sri Simha）；妙吉祥友，音譯「文殊師利密札」（Manjusrimitra）；智經，音譯「嘉納蘇札」（Jnanasutra）；無垢友，音譯「貝瑪拉密札」（Vimalamitra）。本段傳承祈請文和全書的祖師大德名號，原則上梵文名會以意譯並加上音譯，藏文名則僅以音譯，且僅供參考。

佛法大師——蔣秋多傑；
具成就者——吉美嘉威紐固；
無上化現——明就南開多傑；
佛眾之子——賢遍泰耶；
於汝等尊吾祈願：顯示吾人之本貌！

吉祥嘿魯嘎——多．欽哲依喜多傑；
巴楚仁波切——鄔金吉美．確吉旺波；
成就者主尊——貝瑪多傑；

蓮花生大士親現——偉大欽哲旺波尊；
於汝等尊吾祈願：賜予勝共諸成就！

自解脫輪涅萬法——那措讓卓⑥；
遍知一切之上師——吉美天培尼瑪；
總集一切皈依處——確吉羅卓；
於汝等尊吾祈願：加持吾心令信解！

⑥指阿宗珠巴（Adzom Drukpa，一八四二～一九二四）。

今生祈願文

由於眞實出離心，且對輪迴生厭惡，

願吾依止金剛師，視爲雙眼而具義，

教言句句皆奉行，甚深修持謹記心，

並非僅僅偶爲之，而是精進持續修，

願吾堪爲受法器，得師甚深智慧意！

既然輪涅諸顯相，本初即爲密嚴刹，

諸顯解脫爲佛身、諸聲清淨爲咒語、諸想成熟爲法身，

況且大圓滿法教，離於取捨諸勤作，
況且本覺自明光，超越念想與覺受，
願我得見法性之——赤裸無遮實相境！
願諸凡俗執實念，全然解脫成虹光，
身與明點覺受增！
願本覺力能進詣，成熟為圓滿報身！
由於現象諸顯盡，分別心亡成正覺，
願我證得童瓶身，離於生死而堅住！

中陰祈願文

然而若我於此生，無法通達大阿底，
粗重色身尚未於，清淨虹光界解脫，
則於此生崩散時，願於臨命終了際，
基光明現成法身，其於本初即清淨；
中陰經歷諸顯相，願能解脫成報身；
圓熟立斷頓超道，
願我自然得解脫，如子奔回母懷中！

來世祈願文

大密咒乘光明道——大圓滿此最頂峰，
證悟並非他處尋，乃於法身本顏中：
若我不能實證之，未解脫入本初境，
則當藉由圓熟此，「無修成佛」之五法⑦，

⑦解脫的方式有：見解脫咒輪、聞解脫咒語和陀羅尼、嚐解脫甘露、觸解脫咒輪、憶念解脫頗瓦法。

願我生於五佛部，相應化身佛剎土⑧，
尤其蓮花光明宮，蓮師銅色山淨土，
持明上師海之首，鄔金勝主尊跟前，
歡喜大密咒法筵，
願我於此慶宴中，生爲蓮師大弟子，
得以承擔大事業，救度無邊有情眾！

圓滿祈願文

由於尊勝持明海，所賜激勵與加持，

並藉超越念想之，無盡法界眞諦力，

及此暇滿之人身，願我能令緣起現——

圓成諸佛之功德、成熟有情之眾生，以及清淨諸刹界，

乃至證得佛果位！

---

⑧此五淨土分別為：現喜淨土（屬東方金剛部），具德淨土（屬南方寶部），蓮花積淨土（屬西方蓮花部），勝業成就淨土（屬北方事業部），熾燃火山淨土（屬中央佛部）

領受四灌

寶瓶灌頂

蓮師⑨前額有嗡字，明耀閃爍如月光；
放光入於吾前額。
清淨身所造惡行，以及身脈⑩諸阻障。
得佛金剛身加持，
寶瓶灌頂既領受，
我成堪受法之器，能修生起次第觀，
異熟持明之種子，如今就此而種下。

化身果位潛藏力，亦於此時得植入。

祕密灌頂

蓮師喉間有阿字，熾燃猶如紅寶石；
放光入於吾喉間。
清淨語所造惡行，以及內息⑪諸阻障。

⑨於此，蓮師與我們自己的上師無二無別。
⑩藏音 rtsa，梵音 nadi。
⑪藏音 rlung，梵音 prana。

得佛金剛語加持，

祕密灌頂既領受，

我成堪受法之器，能修咒語之念誦，

無死持明之種子，如今就此而種下。

報身果位潛藏力，亦於此時得植入。

智慧灌頂

蓮師心間有吽字，光芒如天空蔚藍；

放光入於吾心間。

清淨意所造惡行，以及明點[12]諸阻障。
得佛金剛意加持，
智慧灌頂既領受，
我成堪受法之器，能修樂空占札里（Candali），
大印持明之種子，如今就此而種下。
法身果位潛藏力，亦於此時得植入。

[12]藏音 thig le，梵音 bindu。

句義灌頂

蓮師心間之吽字，如流星射第二吽；

與吾心融無二別。

淨「普基」業、所知障⑬。

得金剛智慧加持，

句義灌頂既領受，

我成堪受法之器，能修本淨大圓滿，

任運持明之種子，如今就此而種下。

自性身果位潛力，亦於此時得植入。

嗡啊吽　班雜　咕如　貝瑪　悉地吽⑭

收攝

於我臨命終了時，

---

⑬普基，或稱阿賴耶（藏音 kun gzhi，梵音 alaya）。祖古東杜在《證悟的旅程》一書中（英文版第二〇四～二〇七頁）寫到：「普基業是含藏在普基中的業，或如堪布阿瓊（Khenpo Ngagchung）所說，是由普基識——阿賴耶識所造的業，乃帶著有跡可循的二元概念（所知障的一種）。」

⑭對於上述，頂果欽哲仁波切說：「經由上師的加持，我們的身、語、意和上師的身、語、意將能合一無別。此時，我們只要等持安住於空性和明覺的狀態中即可。」根據蔣揚欽哲·確吉羅卓所言，如果我們此時無法全然安住於該狀態中，則可念誦金剛上師心咒。

所現皆爲妙拂洲，吉祥銅色山淨土，
顯空不二化身刹，
吾身金剛瑜伽女，
化爲閃爍燦光界，
全然融入蓮花生，
無二無別成正覺。
復由大本智遊舞——樂空神妙之顯現，
爲利三界眾無餘，
令我成眞實嚮導，引領有情至解脫——

至尊蓮花生祈賜！

上師心間驀地放出一道紅色的溫暖光芒，觸及我的心間，原本一直清晰自觀的金剛瑜伽女，此時瞬間轉變為豌豆大小的紅色光圈，並如火焰噴出的火花那般朝上射入了蓮師的心間，與蓮師相融無別為一味。

結行祈願文

吉祥根本上師寶，

住吾心底蓮座上，

大悲恩慈眷顧我，
祈賜身語意成就！

願於上師事業行，
刹那亦不生邪見，
視其所作皆教導：
以此虔敬願能得，上師加持滿心流！

生世不離普賢師；

願享佛法諸利益，
五道十地功德圓，
速證聖金剛持位！

頂果揚希仁波切
（雪謙寺第二世頂果欽哲仁波切）

長壽祈願文
怙主初璽仁波切造

願吉祥

浩瀚勝者佛子之大悲，稀有三根本之加持力，
至尊上師智悲大寶庫，願力化身之舞無倫比，
無畏執持鄔金尊者與，無偏顯密教法尊勝者，
蓮足不滅穩固如金剛，所允利樂無劬任運成❶。

※　※　※

爲使緣起吉祥，輪涅有寂之嚮導、吾等皈依處與庇佑者、諸勝者之無上主——達賴喇嘛尊者於瑪拉帝卡（Maratika）長壽洞窟中，慈悲爲皈依主

頂果欽哲大金剛持尊之殊勝轉世賜予法號，並於此同時納受法袍供養。藏曆木豬年吉祥十一月上旬初八善妙日（西曆一九九五年十二月二十九日星期五），名爲夏杜初璽（Shadeu Trulshik，梵文法號 Vagindra Dharmamati）的這位愚癡比丘，一心祈願並撰寫此文作爲供養。嘉揚度（Jayantu）！

---

❶本篇為臺灣雪謙中心的共修版，由敦珠貝瑪南嘉從藏文中譯，並同意刊載於本書。以下提供英文中譯的白話版，僅供需要對照的讀者參考。

嗡　斯瓦斯帝！（Om Svasti）

由於無量諸佛菩薩大悲力，勝妙上師勇父空行加持力，

學識慈愛之寶摯愛欽哲師，顯現無比化身猶如衆所願：

鄔金勝主法教無畏持有者，經續不分教派傳承持有者，

祈願勝者壽命堅固恆不壞：任運無勤成辦汝尊之遠見——衆生現世安樂與究竟大樂！

致謝

我們深深感謝雪謙冉江仁波切、宗薩欽哲仁波切、吉噶康楚仁波切、慈克秋林仁波切，他們分別為本書撰寫前言和序言。而貝瑪旺嘉仁波切的大恩大德，更是不可不提，他將怙主頂果欽哲仁波切等諸多偉大上師引介至西方，並使西方修行者得以領受他們的法教，謹在此獻上無盡的感激！

另外要謝謝馬修・李卡德（昆卻丹增比丘）對翻譯本身和上師相應法儀軌所付出的種種細心關注。也要特別謝謝傑夫・寇克斯（Jeff Cox）、克利斯・海契爾（Chris Hatchell）與雪獅出版社（Snow Lion Publications）的所有工作人員，以及參與本次編輯過程的本覺會成員。

派翠克・格弗內（Patrick Gaffney）

國際本覺會（Rigpa International）

橡樹林文化 ❖❖ 善知識系列 ❖❖ 書目

JB0001	狂喜之後	傑克・康菲爾德◎著	380 元
JB0002	抉擇未來	達賴喇嘛◎著	250 元
JB0003	佛性的遊戲	舒亞・達斯喇嘛◎著	300 元
JB0004	東方大日	邱陽・創巴仁波切◎著	300 元
JB0005	幸福的修煉	達賴喇嘛◎著	230 元
JB0006	與生命相約	一行禪師◎著	240 元
JB0007	森林中的法語	阿姜查◎著	320 元
JB0008	重讀釋迦牟尼	陳兵◎著	320 元
JB0009	你可以不生氣	一行禪師◎著	230 元
JB0010	禪修地圖	達賴喇嘛◎著	280 元
JB0011	你可以不怕死	一行禪師◎著	250 元
JB0012	平靜的第一堂課——觀呼吸	德寶法師 ◎著	260 元
JB0013X	正念的奇蹟	一行禪師◎著	220 元
JB0014X	觀照的奇蹟	一行禪師◎著	220 元
JB0015	阿姜查的禪修世界——戒	阿姜查◎著	220 元
JB0016	阿姜查的禪修世界——定	阿姜查◎著	250 元
JB0017	阿姜查的禪修世界——慧	阿姜查◎著	230 元
JB0018X	遠離四種執著	究給・企千仁波切◎著	280 元
JB0019X	禪者的初心	鈴木俊隆◎著	220 元
JB0020X	心的導引	薩姜・米龐仁波切◎著	240 元
JB0021X	佛陀的聖弟子傳 1	向智長老◎著	240 元
JB0022	佛陀的聖弟子傳 2	向智長老◎著	200 元
JB0023	佛陀的聖弟子傳 3	向智長老◎著	200 元
JB0024	佛陀的聖弟子傳 4	向智長老◎著	260 元
JB0025	正念的四個練習	喜戒禪師◎著	260 元
JB0026	遇見藥師佛	堪千創古仁波切◎著	270 元
JB0027	見佛殺佛	一行禪師◎著	220 元
JB0028	無常	阿姜查◎著	220 元
JB0029	覺悟勇士	邱陽・創巴仁波切◎著	230 元
JB0030	正念之道	向智長老◎著	280 元
JB0031	師父——與阿姜查共處的歲月	保羅・布里特◎著	260 元

JB0032	統御你的世界	薩姜・米龐仁波切◎著	240 元
JB0033	親近釋迦牟尼佛	髻智比丘◎著	430 元
JB0034	藏傳佛教的第一堂課	卡盧仁波切◎著	300 元
JB0035	拙火之樂	圖敦・耶喜喇嘛◎著	280 元
JB0036	心與科學的交會	亞瑟・札炯克◎著	330 元
JB0037	你可以，愛	一行禪師◎著	220 元
JB0038	專注力	B・艾倫・華勒士◎著	250 元
JB0039X	輪迴的故事	堪欽慈誠羅珠◎著	270 元
JB0040	成佛的藍圖	堪千創古仁波切◎著	270 元
JB0041	事情並非總是如此	鈴木俊隆禪師◎著	240 元
JB0042	祈禱的力量	一行禪師◎著	250 元
JB0043	培養慈悲心	圖丹・卻准◎著	320 元
JB0044	當光亮照破黑暗	達賴喇嘛◎著	300 元
JB0045	覺照在當下	優婆夷　紀・那那蓉◎著	300 元
JB0046	大手印暨觀音儀軌修法	卡盧仁波切◎著	340 元
JB0047X	蔣貢康楚閉關手冊	蔣貢康楚羅卓泰耶◎著	260 元
JB0048	開始學習禪修	凱薩琳・麥唐諾◎著	300 元
JB0049	我可以這樣改變人生	堪布慈囊仁波切◎著	250 元
JB0050	不生氣的生活	W. 伐札梅諦◎著	250 元
JB0051	智慧明光：《心經》	堪布慈囊仁波切◎著	250 元
JB0052	一心走路	一行禪師◎著	280 元
JB0054	觀世音菩薩妙明教示	堪布慈囊仁波切◎著	350 元
JB0055	世界心精華寶	貝瑪仁增仁波切◎著	280 元
JB0056	到達心靈的彼岸	堪千・阿貝仁波切◎著	220 元
JB0057	慈心禪	慈濟瓦法師◎著	230 元
JB0058	慈悲與智見	達賴喇嘛◎著	320 元
JB0059	親愛的喇嘛梭巴	喇嘛梭巴仁波切◎著	320 元
JB0060	轉心	蔣康祖古仁波切◎著	260 元
JB0061	遇見上師之後	詹杜固仁波切◎著	320 元
JB0062	白話《菩提道次第廣論》	宗喀巴大師◎著	500 元
JB0063	離死之心	竹慶本樂仁波切◎著	400 元
JB0064	生命真正的力量	一行禪師◎著	280 元
JB0065	夢瑜伽與自然光的修習	南開諾布仁波切◎著	280 元
JB0066	實證佛教導論	呂真觀◎著	500 元

JB0067	最勇敢的女性菩薩──綠度母	堪布慈囊仁波切◎著	350 元
JB0068	建設淨土──《阿彌陀經》禪解	一行禪師◎著	240 元
JB0069	接觸大地─與佛陀的親密對話	一行禪師◎著	220 元
JB0070	安住於清淨自性中	達賴喇嘛◎著	480 元
JB0071/72	菩薩行的祕密【上下冊】	佛子希瓦拉◎著	799 元
JB0073	穿越六道輪迴之旅	德洛達娃多瑪◎著	280 元
JB0074	突破修道上的唯物	邱陽·創巴仁波切◎著	320 元
JB0075	生死的幻覺	白瑪格桑仁波切◎著	380 元
JB0076	如何修觀音	堪布慈囊仁波切◎著	260 元
JB0077	死亡的藝術	波卡仁波切◎著	250 元
JB0078	見之道	根松仁波切◎著	330 元
JB0079	彩虹丹青	祖古·烏金仁波切◎著	340 元
JB0080	我的極樂大願	卓千拉貢仁波切◎著	260 元
JB0081	再捻佛語妙花	祖古·烏金仁波切◎著	250 元
JB0082	進入禪定的第一堂課	德寶法師◎著	300 元
JB0083	藏傳密續的真相	圖敦·耶喜喇嘛◎著	300 元
JB0084	鮮活的覺性	堪千創古仁波切◎著	350 元
JB0085	本智光照	遍智　吉美林巴◎著	380 元
JB0086	普賢王如來祈願文	竹慶本樂仁波切◎著	320 元
JB0087	禪林風雨	果煜法師◎著	360 元
JB0088	不依執修之佛果	敦珠林巴◎著	320 元
JB0089	本智光照─功德寶藏論　密宗分講記	遍智　吉美林巴◎著	340 元
JB0090	三主要道論	堪布慈囊仁波切◎講解	280 元
JB0091	千手千眼觀音齋戒─紐涅的修持法	汪遷仁波切◎著	400 元
JB0092	回到家，我看見真心	一行禪師◎著	220 元
JB0093	愛對了	一行禪師◎著	260 元
JB0094	追求幸福的開始：薩迦法王教你如何修行	尊勝的薩迦法王◎著	300 元
JB0095	次第花開	希阿榮博堪布◎著	350 元
JB0096	楞嚴貫心	果煜法師◎著	380 元
JB0097	心安了，路就開了： 讓《佛說四十二章經》成為你人生的指引	釋悟因◎著	320 元
JB0098	修行不入迷宮	札丘傑仁波切◎著	320 元
JB0099	看自己的心，比看電影精彩	圖敦·耶喜喇嘛◎著	280 元
JB0100	自性光明──法界寶庫論	大遍智　龍欽巴尊者◎著	480 元

JB0101	穿透《心經》：原來，你以為的只是假象	柳道成法師◎著	380 元
JB0102	直顯心之奧秘：大圓滿無二性的殊勝口訣	祖古貝瑪・里沙仁波切◎著	500 元
JB0103	一行禪師講《金剛經》	一行禪師◎著	320 元
JB0104	金錢與權力能帶給你甚麼？ 一行禪師談生命真正的快樂	一行禪師◎著	300 元
JB0105	一行禪師談正念工作的奇蹟	一行禪師◎著	280 元
JB0106	大圓滿如幻休息論	大遍智　龍欽巴尊者◎著	320 元
JB0107	覺悟者的臨終贈言：《定日百法》	帕當巴桑傑大師◎著 堪布慈囊仁波切◎講述	300 元
JB0108	放過自己：揭開我執的騙局，找回心的自在	圖敦・耶喜喇嘛◎著	280 元
JB0109	快樂來自心	喇嘛梭巴仁波切◎著	280 元
JB0110	正覺之道・佛子行廣釋	根讓仁波切◎著	550 元
JB0111	中觀勝義諦	果煜法師◎著	500 元
JB0112	觀修藥師佛——祈請藥師佛，能解決你的 困頓不安，感受身心療癒的奇蹟	堪千創古仁波切◎著	450 元
JB0113	與阿姜查共處的歲月	保羅・布里特◎著	300 元
JB0114	正念的四個練習	喜戒禪師◎著	300 元
JB0115	揭開身心的奧秘：阿毗達摩怎麼說？	善戒禪師◎著	420 元
JB0116	一行禪師講《阿彌陀經》	一行禪師◎著	260 元
JB0117	一生吉祥的三十八個祕訣	四明智廣◎著	350 元
JB0118	狂智	邱陽創巴仁波切◎著	380 元
JB0119	療癒身心的十種想——兼行「止禪」與「觀禪」 的實用指引，醫治無明、洞見無常的妙方	德寶法師◎著	320 元
JB0120	覺醒的明光	堪祖蘇南給稱仁波切◎著	350 元
JB0122	正念的奇蹟（電影封面紀念版）	一行禪師◎著	250 元
JB0123	一行禪師　心如一畝田：唯識 50 頌	一行禪師◎著	360 元
JB0124	一行禪師　你可以不生氣：佛陀的情緒處方	一行禪師◎著	250 元
JB0125	三句擊要： 以三句口訣直指大圓滿見地、觀修與行持	巴珠仁波切◎著	300 元
JB0126	六妙門：禪修入門與進階	果煜法師◎著	360 元
JB0127	生死的幻覺	白瑪桑格仁波切◎著	380 元
JB0128	狂野的覺醒	竹慶本樂仁波切◎著	400 元
JB0129	禪修心經——萬物顯現，卻不真實存在	堪祖蘇南給稱仁波切◎著	350 元

橡樹林文化 ❖❖ 成就者傳紀系列 ❖❖ 書目

JS0001	惹瓊巴傳	堪千創古仁波切◎著	260 元
JS0002	曼達拉娃佛母傳	喇嘛卻南、桑傑・康卓◎英譯	350 元
JS0003	伊喜・措嘉佛母傳	嘉華・蔣秋、南開・寧波◎伏藏書錄	400 元
JS0004	無畏金剛智光：怙主敦珠仁波切的生平與傳奇	堪布才旺・董嘉仁波切◎著	400 元
JS0005	珍稀寶庫——薩迦總巴創派宗師貢嘎南嘉傳	嘉敦・強秋旺嘉◎著	350 元
JS0006	帝洛巴傳	堪千創古仁波切◎著	260 元
JS0007	南懷瑾的最後 100 天	王國平◎著	380 元
JS0008	偉大的不丹傳奇・五大伏藏王之一 貝瑪林巴之生平與伏藏教法	貝瑪林巴◎取藏	450 元
JS0009	噶舉三祖師：馬爾巴傳	堪千創古仁波切◎著	300 元
JS0010	噶舉三祖師：密勒日巴傳	堪千創古仁波切◎著	280 元
JS0011	噶舉三祖師：岡波巴傳	堪千創古仁波切◎著	280 元
JS0012	法界遍智全知法王——龍欽巴傳	蔣巴・麥堪哲・史都爾◎著	380 元
JS0013	藏傳佛法最受歡迎的聖者—— 瘋聖竹巴袞列傳奇生平與道歌	格西札浦根敦仁欽◎藏文彙編	380 元
JS0014	大成就者傳奇：54 位密續大師的悟道故事	凱斯・道曼◎英譯	500 元

橡樹林文化 ❖❖ 蓮師文集系列 ❖❖ 書目

JA0001	空行法教	伊喜・措嘉佛母輯錄付藏	260 元
JA0002	蓮師傳	伊喜・措嘉記錄撰寫	380 元
JA0003	蓮師心要建言	艾瑞克・貝瑪・昆桑◎藏譯英	350 元
JA0004	白蓮花	蔣貢米龐仁波切◎著	260 元
JA0005	松嶺寶藏	蓮花生大士◎著	330 元
JA0006	自然解脫	蓮花生大士◎著	400 元
JA0007/8	智慧之光 1/2	根本文◎蓮花生大士／釋論◎蔣貢・康楚	799 元
JA0009	障礙遍除：蓮師心要修持	蓮花生大士◎著	450 元

橡樹林文化 ❖❖ 衆生系列 ❖❖ 書目

JP0001	大寶法王傳奇	何謹◎著	200 元
JP0002X	當和尚遇到鑽石（增訂版）	麥可・羅區格西◎著	360 元
JP0003X	尋找上師	陳念萱◎著	200 元
JP0004	祈福 DIY	蔡春娉◎著	250 元
JP0006	遇見巴伽活佛	溫普林◎著	280 元
JP0009	當吉他手遇見禪	菲利浦・利夫・須藤◎著	220 元
JP0010	當牛仔褲遇見佛陀	蘇密・隆敦◎著	250 元
JP0011	心念的賽局	約瑟夫・帕蘭特◎著	250 元
JP0012	佛陀的女兒	艾美・史密特◎著	220 元
JP0013	師父笑呵呵	麻生佳花◎著	220 元
JP0014	菜鳥沙彌變高僧	盛宗永興◎著	220 元
JP0015	不要綁架自己	雪倫・薩爾茲堡◎著	240 元
JP0016	佛法帶著走	佛朗茲・梅蓋弗◎著	220 元
JP0018C	西藏心瑜伽	麥可・羅區格西◎著	250 元
JP0019	五智喇嘛彌伴傳奇	亞歷珊卓・大衛－尼爾◎著	280 元
JP0020	禪　兩刃相交	林谷芳◎著	260 元
JP0021	正念瑜伽	法蘭克・裘德・巴奇歐◎著	399 元
JP0022	原諒的禪修	傑克・康菲爾德◎著	250 元
JP0023	佛經語言初探	竺家寧◎著	280 元
JP0024	達賴喇嘛禪思 365	達賴喇嘛◎著	330 元
JP0025	佛教一本通	蓋瑞・賈許◎著	499 元
JP0026	星際大戰・佛部曲	馬修・波特林◎著	250 元
JP0027	全然接受這樣的我	塔拉・布萊克◎著	330 元
JP0028	寫給媽媽的佛法書	莎拉・娜塔莉◎著	300 元
JP0029	史上最大佛教護法－阿育王傳	德千汪莫◎著	230 元
JP0030	我想知道什麼是佛法	圖丹・卻淮◎著	280 元
JP0031	優雅的離去	蘇希拉・布萊克曼◎著	240 元
JP0032	另一種關係	滿亞法師◎著	250 元
JP0033	當禪師變成企業主	馬可・雷瑟◎著	320 元
JP0034	智慧 81	偉恩・戴爾博士◎著	380 元
JP0035	覺悟之眼看起落人生	金菩提禪師◎著	260 元
JP0036	貓咪塔羅算自己	陳念萱◎著	520 元
JP0037	聲音的治療力量	詹姆斯・唐傑婁◎著	280 元
JP0038	手術刀與靈魂	艾倫・翰彌頓◎著	320 元
JP0039	作為上師的妻子	黛安娜・J・木克坡◎著	450 元

JP0040	狐狸與白兔道晚安之處	庫特・約斯特勒◎著	280 元
JP0041	從心靈到細胞的療癒	喬思・慧麗・赫克◎著	260 元
JP0042	27% 的獲利奇蹟	蓋瑞・賀許伯格◎著	320 元
JP0043	你用對專注力了嗎？	萊斯・斐米博士◎著	280 元
JP0044	我心是金佛	大行大禪師◎著	280 元
JP0045	當和尚遇到鑽石 2	麥可・羅區格西◎等著	280 元
JP0046	雪域求法記	邢肅芝（洛桑珍珠）◎口述	420 元
JP0047	你的心是否也住著一隻黑狗？	馬修・約翰史東◎著	260 元
JP0048	西藏禪修書	克莉絲蒂・麥娜麗喇嘛◎著	300 元
JP0049	西藏心瑜伽 2	克莉絲蒂・麥娜麗喇嘛◎等著	300 元
JP0050	創作，是心靈療癒的旅程	茱莉亞・卡麥隆◎著	350 元
JP0051	擁抱黑狗	馬修・約翰史東◎著	280 元
JP0052	還在找藉口嗎？	偉恩・戴爾博士◎著	320 元
JP0053	愛情的吸引力法則	艾莉兒・福特◎著	280 元
JP0054	幸福的雪域宅男	原人◎著	350 元
JP0055	貓馬麻	阿義◎著	350 元
JP0056	看不見的人	中沢新一◎著	300 元
JP0057	內觀瑜伽	莎拉・鮑爾斯◎著	380 元
JP0058	29 個禮物	卡蜜・沃克◎著	300 元
JP0059	花仙療癒占卜卡	張元貞◎著	799 元
JP0060	與靈共存	詹姆斯・范普拉◎著	300 元
JP0061	我的巧克力人生	吳佩容◎著	300 元
JP0062	這樣玩，讓孩子更專注、更靈性	蘇珊・凱瑟・葛凌蘭◎著	350 元
JP0063	達賴喇嘛送給父母的幸福教養書	安娜・芭蓓蔻爾・史蒂文・李斯◎著	280 元
JP0064	我還沒準備說再見	布蕾克・諾爾&帕蜜拉・D・布萊爾◎著	380 元
JP0065	記憶人人 hold 得住	喬許・佛爾◎著	360 元
JP0066	菩曼仁波切	林建成◎著	320 元
JP0067	下面那裡怎麼了？	莉莎・瑞金◎著	400 元
JP0068	極密聖境・仰桑貝瑪貴	邱常梵◎著	450 元
JP0069	停心	釋心道◎著	380 元
JP0070	聞盡	釋心道◎著	380 元
JP0071	如果你對現況感到倦怠……	威廉・懷克羅◎著	300 元
JP0072	希望之翼： 倖存的奇蹟，以及雨林與我的故事	茱莉安・柯普科◎著	380 元
JP0073	我的人生療癒旅程	鄧嚴◎著	260 元
JP0074	因果，怎麼一回事？	釋見介◎著	240 元
JP0075	皮克斯動畫師之紙上動畫《羅摩衍那》	桑傑・帕特爾◎著	720 元
JP0076	寫，就對了！	茱莉亞・卡麥隆◎著	380 元

JP0077	願力的財富	釋心道◎著	380 元
JP0078	當佛陀走進酒吧	羅卓・林茲勒◎著	350 元
JP0079	人聲，奇蹟的治癒力	伊凡・德・布奧恩◎著	380 元
JP0080	當和尚遇到鑽石 3	麥可・羅區格西◎著	400 元
JP0081	AKASH 阿喀許靜心 100	AKASH 阿喀許◎著	400 元
JP0082	世上是不是有神仙：生命與疾病的真相	樊馨蔓◎著	300 元
JP0083	生命不僅僅如此—辟穀記（上）	樊馨蔓◎著	320 元
JP0084	生命可以如此—辟穀記（下）	樊馨蔓◎著	420 元
JP0085	讓情緒自由	茱迪斯・歐洛芙◎著	420 元
JP0086	別癌無恙	李九如◎著	360 元
JP0087	甚麼樣的業力輪迴，造就現在的你	芭芭拉・馬丁&狄米崔・莫瑞提斯◎著	420 元
JP0088	我也有聰明數學腦：15 堂課激發被隱藏的競爭力	盧采嫻◎著	280 元
JP0089	與動物朋友心傳心	羅西娜・瑪利亞・阿爾克蒂◎著	320 元
JP0090	法國清新舒壓著色畫 50：繽紛花園	伊莎貝爾・熱志－梅納&紀絲蘭・史朵哈&克萊兒・摩荷爾－法帝歐◎著	350 元
JP0091	法國清新舒壓著色畫 50：療癒曼陀羅	伊莎貝爾・熱志－梅納&紀絲蘭・史朵哈&克萊兒・摩荷爾－法帝歐◎著	350 元
JP0092	風是我的母親	熊心、茉莉・拉肯◎著	350 元
JP0093	法國清新舒壓著色畫 50：幸福懷舊	伊莎貝爾・熱志－梅納&紀絲蘭・史朵哈&克萊兒・摩荷爾－法帝歐◎著	350 元
JP0094	走過倉央嘉措的傳奇：尋訪六世達賴喇嘛的童年和晚年，解開情詩活佛的生死之謎	邱常梵◎著	450 元
JP0095	【當和尚遇到鑽石 4】愛的業力法則：西藏的古老智慧，讓愛情心想事成	麥可・羅區格西◎著	450 元
JP0096	媽媽的公主病：活在母親陰影中的女兒，如何走出自我？	凱莉爾・麥克布萊德博士◎著	380 元
JP0097	法國清新舒壓著色畫 50：璀璨伊斯蘭	伊莎貝爾・熱志－梅納&紀絲蘭・史朵哈&克萊兒・摩荷爾－法帝歐◎著	350 元
JP0098	最美好的都在此刻：53 個創意、幽默、找回微笑生活的正念練習	珍・邱禪・貝斯醫生◎著	350 元
JP0099	愛，從呼吸開始吧！回到當下、讓心輕安的禪修之道	釋果峻◎著	300 元
JP0100	能量曼陀羅：彩繪內在寧靜小宇宙	保羅・霍伊斯坦、狄蒂・羅恩◎著	380 元
JP0101	爸媽何必太正經！幽默溝通，讓孩子正向、積極、有力量	南琦◎著	300 元
JP0102	舍利子，是甚麼？	洪宏◎著	320 元
JP0103	我隨上師轉山：蓮師聖地溯源朝聖	邱常梵◎著	460 元
JP0104	光之手：人體能量場療癒全書	芭芭拉・安・布藍能◎著	899 元

JP0105	在悲傷中還有光：失去珍愛的人事物，找回重新聯結的希望	尾角光美◎著	300 元
JP0106	法國清新舒壓著色畫 45：海底嘉年華	小姐們◎著	360 元
JP0108	用「自主學習」來翻轉教育！沒有課表、沒有分數的瑟谷學校	丹尼爾．格林伯格◎著	300 元
JP0109	Soppy 愛賴在一起	菲莉帕．賴斯◎著	300 元
JP0110	我嫁到不丹的幸福生活：一段愛與冒險的故事	琳達．黎明◎著	350 元
JP0111	TTouch® 神奇的毛小孩按摩術——狗狗篇	琳達．泰林頓瓊斯博士◎著	320 元
JP0112	戀瑜伽．愛素食：覺醒，從愛與不傷害開始	莎朗．嘉儂◎著	320 元
JP0113	TTouch® 神奇的毛小孩按摩術——貓貓篇	琳達．泰林頓瓊斯博士◎著	320 元
JP0114	給禪修者與久坐者的痠痛舒緩瑜伽	琴恩．厄爾邦◎著	380 元
JP0115	純植物．全食物：超過百道零壓力蔬食食譜，找回美好食物真滋味，心情、氣色閃亮亮	安潔拉．立頓◎著	680 元
JP0116	一碗粥的修行：從禪宗的飲食精神，體悟生命智慧的豐盛美好	吉村昇洋◎著	300 元
JP0117	綻放如花——巴哈花精靈性成長的教導	史岱方．波爾◎著	380 元
JP0118	貓星人的華麗狂想	馬喬．莎娜◎著	350 元
JP0119	直面生死的告白——一位曹洞宗禪師的出家緣由與說法	南直哉◎著	350 元
JP0120	OPEN MIND！房樹人繪畫心理學	一沙◎著	300 元
JP0121	不安的智慧	艾倫．W．沃茨◎著	280 元
JP0122	寫給媽媽的佛法書：不煩不憂照顧好自己與孩子	莎拉．娜塔莉◎著	320 元
JP0123	當和尚遇到鑽石 5：修行者的祕密花園	麥可．羅區格西◎著	320 元
JP0124	貓熊好療癒：這些年我們一起追的圓仔 ~~ 頭號「圓粉」私密日記大公開！	周咪咪◎著	340 元
JP0125	用血清素與眼淚消解壓力	有田秀穗◎著	300 元
JP0126	當勵志不再有效	金木水◎著	320 元
JP0127	特殊兒童瑜伽	索妮亞．蘇瑪◎著	380 元
JP0128	108 大拜式	JOYCE（翁憶珍）◎著	380 元
JP0129	修道士與商人的傳奇故事：經商中的每件事都是神聖之事	特里．費爾伯◎著	320 元
JP0130	靈氣實用手位法——西式靈氣系統創始者林忠次郎的療癒技術	林忠次郎、山口忠夫、法蘭克．阿加伐．彼得◎著	450 元
JP0131	你所不知道的養生迷思——治其病要先明其因，破解那些你還在信以為真的健康偏見！	曾培傑、陳創濤◎著	450 元
JP0132	貓僧人：有什麼好煩惱的喵～	御誕生寺（ごたんじょうじ）◎著	320 元
JP0133	昆達里尼瑜伽——永恆的力量之流	莎克蒂．帕瓦．考爾．卡爾薩◎著	599 元

JP0134	尋找第二佛陀・良美大師——探訪西藏象雄文化之旅	寧艷娟◎著	450元
JP0135	聲音的治療力量：修復身心健康的咒語、唱誦與種子音	詹姆斯・唐傑婁◎著	300元
JP0136	一大事因緣：韓國頂峰無無禪師的不二慈悲與智慧開示（特別收錄禪師台灣行腳對談）	頂峰無無禪師、天真法師、玄玄法師◎著	380元
JP0137	運勢決定人生——執業50年、見識上萬客戶資深律師告訴你翻轉命運的智慧心法	西中　務◎著	350元
JP0138	心靈花園：祝福、療癒、能量——七十二幅滋養靈性的神聖藝術	費絲・諾頓◎著	450元
JP0139	我還記得前世	凱西・伯德◎著	360元
JP0140	我走過一趟地獄	山姆・博秋茲◎著 貝瑪・南卓・泰耶◎繪	699元
JP0141	寇斯的修行故事	莉迪・布格◎著	300元
JP0142	全然接受這樣的我：18個放下憂慮的禪修練習	塔拉・布萊克◎著	360元
JP0143	如果用心去愛，必然經歷悲傷	喬安・凱恰托蕊◎著	380元
JP0144	媽媽的公主病：活在母親陰影中的女兒，如何走出自我？	凱莉爾・麥克布萊德博士◎著	380元
JP0145	創作，是心靈療癒的旅程	茱莉亞・卡麥隆◎著	380元
JP0146	一行禪師　與孩子一起做的正念練習：灌溉生命的智慧種子	一行禪師◎著	450元
JP0147	達賴喇嘛的御醫，告訴你治病在心的藏醫學智慧	益西・東登◎著	380元
JP0148	39本戶口名簿：從「命運」到「運命」・用生命彩筆畫出不凡人生	謝秀英◎著	320元
JP0149	禪心禪意	釋果峻◎著	300元

橡樹林文化 ❖❖ 朝聖系列 ❖❖ 書目

JK0001	五台山與大圓滿：文殊道場朝聖指南	菩提洲◎著	500元
JK0002	蓮師在西藏：大藏區蓮師聖地巡禮	邱常梵◎著	700元

善知識系列　JB0130

頂果欽哲法王　上師相應法

Guru Yoga: According to the Preliminary Practice of Longchen Nyingtik

作　　者／頂果欽哲法王（Dilgo Khyentse Rinpoche）
譯　　者／楊書婷
特約編輯／蘇千塔
責任編輯／劉昱伶
業　　務／顏宏紋

總 編 輯／張嘉芳
出　　版／橡樹林文化
城邦文化事業股份有限公司
104 台北市民生東路二段 141 號 5 樓
電話：(02)2500-7696　傳眞：(02)2500-1951
發　　行／英屬蓋曼群島商家庭傳媒股份有限公司城邦分公司
104 台北市中山區民生東路二段 141 號 5 樓
客服服務專線：(02)25007718；25001991
24 小時傳眞專線：(02)25001990；25001991
服務時間：週一至週五上午 09:30 ～ 12:00；下午 13:30 ～ 17:00
劃撥帳號：19863813　戶名：書虫股份有限公司
讀者服務信箱：service@readingclub.com.tw
香港發行所／城邦（香港）出版集團有限公司
香港灣仔駱克道 193 號東超商業中心 1 樓
電話：(852)25086231　傳眞：(852)25789337
Email：hkcite@biznetvigator.com
馬新發行所／城邦（馬新）出版集團【Cité (M) Sdn.Bhd. (458372 U)】
41, Jalan Radin Anum, Bandar Baru Sri Petaling,
57000 Kuala Lumpur, Malaysia.
電話：(603) 90563833　傳眞：(603) 90576622
Email：services@cite.my

封面設計／周家瑤
內文排版／歐陽碧智
印　　刷／中原造像股份有限公司

初版一刷／ 2019 年 01 月
初版二刷／ 2023 年 07 月
ISBN ／ 978-986-5613-89-1
定價／ 320 元
城邦讀書花園
www.cite.com.tw

國家圖書館出版品預行編目（CIP）資料

頂果欽哲法王　上師相應法／頂果欽哲法王著；楊書婷譯. -- 初版. -- 臺北市：橡樹林文化，城邦文化出版：家庭傳媒城邦分公司發行，2019.01
面；　公分. --（善知識；JB0130）
譯自：Guru Yoga : according to the preliminary practice of Longchen Nyingtik: an oral teaching by Dilgo Khyentse Rinpoche
ISBN 978-986-5613-89-1

1. 藏傳佛教　2. 佛教修持

226.96615　　107023097

104 台北市中山區民生東路二段 141 號 5 樓

城邦文化事業股份有限公司
橡樹林出版事業部　收

請沿虛線剪下對折裝訂寄回，謝謝！

|橡|樹|林|

書名：頂果欽哲法王　上師相應法　書號：JB0130

橡樹林文化
讀者回函卡

感謝您對橡樹林出版社之支持，請將您的建議提供給我們參考與改進；請別忘了給我們一些鼓勵，我們會更加努力，出版好書與您結緣。

姓名：__________ □女 □男 生日：西元__________年

Email：__________

●您從何處知道此書？

□書店 □書訊 □書評 □報紙 □廣播 □網路 □廣告 DM

□親友介紹 □橡樹林電子報 □其他__________

●您以何種方式購買本書？

□誠品書店 □誠品網路書店 □金石堂書店 □金石堂網路書店

□博客來網路書店 □其他__________

●您希望我們未來出版哪一種主題的書？（可複選）

□佛法生活應用 □教理 □實修法門介紹 □大師開示 □大師傳記

□佛教圖解百科 □其他__________

●您對本書的建議：

____

____

____

我已經完全了解左述內容，並同意本人資料依上述範圍內使用。

__________（簽名）

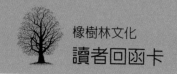

處理佛書的方式

佛書內含佛陀的法教，能令我們免於投生惡道，並且爲我們指出解脫之道。因此，我們應當對佛書恭敬，不將它放置於地上、座位或是走道上，也不應跨過。搬運佛書時，要妥善地包好、保護好。放置佛書時，應放在乾淨的高處，與其他一般的物品區分開來。

若是需要處理掉不用的佛書，就必須小心謹愼地將它們燒掉，而不是丟棄在垃圾堆當中。焚燒佛書前，最好先唸一段祈願文或是咒語，例如唵（OM）、啊（AH）、吽（HUNG），然後觀想被焚燒的佛書中的文字融入「啊」字，接著「啊」字融入你自身，之後才開始焚燒。

這些處理方式也同樣適用於佛教藝術品，以及其他宗教教法的文字記錄與藝術品。

ཡི་གེ་ཉི་ཤུ་རྩ་དྲུག་པ་འདི་དཔེ་ཆའི་ནང་དུ་བཞག་ན་དཔེ་ཆ་དེ་ཅི་འདྲར་
བགོམས་ཀྱང་ཉེས་པ་མི་འབྱུང་བར་འཇམ་དཔལ་རྩ་རྒྱུད་ལས་གསུངས་སོ། །

此咒置經書中　可滅誤跨之罪